JN272440

アピールする英文を書く技術

Raising your written communication to higher levels

相手をぐっとひきつける英文を書く**7つのワザ**

黒川裕一
Yuichi Kurokawa

はじめに

　前著「こなれた英文を書く技術」では、「日本語英語」や「間違ってはいないけれども今一歩の英語」を「よりナチュラルで分かりやすい、こなれた英文」へとステップアップさせるための方法論に焦点を当てました。「こなれた英文」の次の段階は、**「アピールする英文」**です。アピールするとは、「伝えたいことが一定レベルで伝わる」のみならず、**「書き手の顔が見える」**ことであり、その結果、メールに返信がある、企画書が通るなどの**ポジティブなリアクションが読み手から返ってくる**ということです。

　このレベルに到達するには、「英単語及び例文のインプット」「文法の理解」という英作文の必須要素だけでは足りません。これらを土台としつつ、**「読みやすさ」「クリエイティブさ」「論理性」**などを総合した**「作文力」**という決定的要素をかけ合わせる必要があります。そこで、この「作文力」に焦点を当てた本として、本書を執筆しました。

　TOEICなどの試験の点数は、客観的指標としてはそれなりに有効であり、就職などの助けにはなるかもしれませんが、ネイティブと英語でコミュニケーションをとる際のアピールにはなりません。**顔の見える英文は、何よりのアピールになります。**人間関係や仕事がどんどん好転していくきっかけとなります。日本語を学んでいる外国人を想像すればすぐに分かるはずです。「日本語能力試験」の点数を聞いたところで、日本人である我々はさしたるアピールを感じません。対照的に、日本人顔負けの日本語メールを受け取れば、相手に対して敬意を抱いたり、興味を持ったりするものです。

　7チャプター、50項目の本書は、以下のような構成となっています。

CHAPTER 1　目に見えるように書く
　最初の3チャプターは「読みやすさ」に焦点を当てます。まず、チャプター1では抽象的で分かりにくい言葉を分かりやすく書きなおす際のコツなど、相手が理解しやすい英文を書くための基本中の基本をカバーします。

CHAPTER 2　イメージできるように書く
　チャプター1の続きで、ここでは特に「質問」と「比喩」という二つの有用なツールに絞り込んで学びます。これらを使いこなせるようになると、単に分かりやすくなるのみならず、読み手があなたの伝えたいことをありありとイメージできるようになります。

CHAPTER 3　読みやすいように書く
　前半3チャプターの締めくくりとして、言いたいことを絞り込んだり、まとめたり、センテンスとセンテンスの関係を明らかにしたりすることによって、ポイントをつかみやすい文を書くためのコツを学びます。

CHAPTER 4　注意をひきつける
　ここから先の4チャプターは、更に踏み込んでより高度な表現を目指します。チャプター3までに学んできたことの逆を敢えて行う場合も少なくありません。まずは、結論から入ってみたり、毒舌で書いたりするなどして、相手の注意をひきつけるためのワザをカバーします。

CHAPTER 5　クリエイティブさをアピールする
　続いて、視点や発想を切り替えて書くためのポイントを。常識に縛られていては、個性が伝わりにくいもの。自分の目線にばかりこだわっていては、相手に響きにくいもの。これらの袋小路を突破するための技術です。

CHAPTER 6　論理的に書く

　立場や価値観の異なる相手に対して自分の言いたいことをきちんと伝えるための最良のツールが「論理」。論理的に語ったり、反論したりすることができるようになれば、話をかみ合わせて前に進めることが可能になります。

CHAPTER 7　読み手を尊重する

　こちらの言いたいことを分かってもらうには、まずは聞いてもらうこと。聞いてもらうには、まずはこちらが相手を尊重すること。こちらが相手を尊重していると感じれば、「とりあえず聞いてみるか」と思ってもらえるものです。そこで、本書の締めくくりに、そのためにできることを学びます。

　土台をしっかり作りたい人は、チャプター1から順に読み進めてください。基礎が既にできている自信のある人は、前半の3チャプターは興味のあるところを拾い読みしてチャプター4から本格的に取り組んでください。「言いたい『こと』が伝わった」という喜びを超える、「私という『人』が伝わった」という感動をぜひ手に入れてください。そのための一助となれば、何よりも嬉しいです。

　　　　　　　　　　　　　　　　　　　　　　　　　　　　　　黒川裕一

CONTENTS ●アピールする英文を書く技術

はじめに 3
本書の使い方 10

CHAPTER 1　目に見えるように書く 13

- no.1　具体化①—アクション化する 14
- no.2　具体化②—リアクション化する 18
- no.3　具体化③—5W1Hを明示する 22
- no.4　具体化④—順序よく書く 26
- no.5　具体化⑤—文脈を示す 30
- no.6　主観と客観を分ける 34
- no.7　五感を使う 38

CHAPTER 2　イメージできるように書く 43

- no.1　質問①—質問の3つのパターン 44
- no.2　質問②—限定をかける&経験を聞く 48
- no.3　比喩①—直喩 52
- no.4　比喩②—隠喩 56
- no.5　比喩③—象徴 60
- no.6　比喩④—擬人化 64

CHAPTER 3　読みやすいように書く 69

- no.1　キーワード・フレーズを設定する 70
- no.2　キーセンテンスを設定する 74
- no.3　テーマとトピックを峻別する 78
- no.4　言いたいことをひとつに絞る 82
- no.5　接続語を活用する①―原因・理由 86
- no.6　接続語を活用する②―条件・譲歩 90
- no.7　接続語を活用する③―相関関係 94

CHAPTER 4　注意をひきつける 99

- no.1　時間軸をさかのぼる 100
- no.2　結起承転で語る 104
- no.3　類似点を示す 110
- no.4　相違点を示す 114
- no.5　数字を活用する 118
- no.6　「書く相手」をはっきりさせる 122
- no.7　敢えて毒舌で書く 126
- no.8　サプライズ―驚きの要素を入れる 130
- no.9　サスペンス―期待と裏切り 134
- no.10　一人称で書く―「私」を前面に出す 138
- no.11　二人称で書く―相手に向かってダイレクトにアピールする 142
- no.12　三人称で書く①―I の多用を避ける 146
- no.13　三人称で書く②―パラレルアクション 150

CHAPTER 5　クリエイティブさをアピールする 155

- no.1　発想力①―常識の逆を行く 156
- no.2　発想力②―離れたものを結びつける 160
- no.3　視点を切り替える 164
- no.4　物事の両面を見る 168
- no.5　裏側を掘ってみる 172
- no.6　抽象する 176

CHAPTER 6　論理的に書く 181

- no.1　論理力①―論理性に一点集中する 182
- no.2　論理力②―選択肢を広げる 188
- no.3　構成力①―言い換え 192
- no.4　構成力②―コントラスト 196
- no.5　三段論法 202
- no.6　結論の位置 206
- no.7　的確に回答する 210

CHAPTER 7　読み手を尊重する 215

- **no.1**　疑問文にする 216
- **no.2**　仮定法 220
- **no.3**　「評価」をしない 224
- **no.4**　結論を省く 228

おわりに　233

本書の使い方

CHAPTER 1　目に見えるように書く

no.1　具体化①—アクション化する

BEFORE
① That old man was nice to me.
（その老人は私に対して親切だった）

AFTER
② That old man drew a map and showed me the way to the station.
（その老人は地図を描き、駅までの道を私に示してくれた）

> 代表的な例文が "BEFORE（改善前）" と "AFTER（改善後）" の二種類並べてあります。

BEFORE　その老人のことを「nice（親切）」と言うことが目に浮かばない

↓

AFTER　その老人がしてくれたこと（地図を描き、駅への道を示してくれた）がはっきりと目に浮かび、「nice（親切）な人だ」

> "BEFORE" と "AFTER" ではどこが変わるのかが端的に分かるようになっています。

解説　英語で書いたり話したりするときに陥りが〔ち〕化」。例えば、映画を観に行って感想を求められれ〔ば〕に食事に行って「どうだった」と訊かれれば、「お〔いしい〕ブル化の正体は、多くの場合、「形容詞への依存」。「おもしろい」「おいしい」など、簡単な形容詞を使えばとにかく通じなくはないので、つい頼ってしまうのです。

> "BEFORE" では何が問題なのか、なぜ "AFTER" が有効なのかなど、ポイントを素早くつかめるようになっています。

しかし、実際のところ、これらの形容詞だけでは、「どこが面白かったのか」「どのくらいおいしかったのか」などは全く分かりませんから、相手にはあなたの顔が見えません。つまり、相手にとっては、あなたの言っていることは分かっても、あなたの言いたいことはイメージできないのです。そこで、今回のテクニックの出番です。

CHAPTER 1　目に見えるように書く

テクニック 1
　形容詞や副詞は、「アクション（主語＋動詞）」に

> それぞれの項で学ぶテクニックのエッセンスを一行で把握できるようになっています。

囲みの例文①から②への書き換えは以下のメカニズムで行なわれます。

① That old man was nice to me.
　⇨ その老人が nice だったと伝えたい。
　⇨ nice を具体化しよう。
　⇨ その老人（主語）は何をしてくれた（動詞）だろうか？
　⇨ 地図を描き、駅への道を示してくれた！
　↓
② That old man drew a map and showed me the way to the station.

> "BEFORE" から "AFTER" へと改善していくときの頭の中の流れをたどれるようになっています。

では早速、練習問題で定着を図りましょう。

STEP 1　空欄を埋め、形容詞部分を「主語＋動詞」に書き換えて、より目に浮かぶようにしましょう。

① This knife is sharp.（このナイフは鋭い）

　Question　「このナイフは固い肉をたやすく切

　This knife (　　　)(　　　) tough

> STEP1 と STEP2 では、空所補充によって学習内容の確認ができます。STEP2 の方がより噛みごたえがあるようになっています。

② He is quite active.（彼は大変積極的だ）

　Question　「彼は人と知り合うために毎晩出かける」に。

　He goes out every night to (　　　)(　　　) know people.

③ She is very reliable.（彼女はとても信頼できる）

　Question　「彼女は自分の言ったことはする」に。

　She does (　　　)(　　　) says.

Answers!　① easily cuts　② get to　③ what she

> STEP3では、英作文によって力試しができます。これをスラスラとこなせるようになっていれば、この項は卒業です。

STEP 3

"Mr. Yamada is perfect for the position of the Southeast Asian branch manager.（山田さんは東南アジア支店長のポジションに完璧です）" を、「形容詞→主語＋動詞」のワザを使って、以下の日本文のようにより目に浮かぶ文に書き換えましょう。

> 「山田さんはチームリーダーとして何をするよう期待されているか、実によく分かっています。部下が質問すると、直接的な答えを与える代わりに、彼らが自分自身で答えに到達する道を彼は示し、そうすることによって彼は何もかもを彼らの学習体験へと変えていきます。私は、確信を持って、彼を東南アジア支店長のポジションに推薦します」

【Words】 自分自身で　for oneself　〜の代わりに　instead of
学習体験　learning experience

解答例

Mr. Yamada knows exactly what he is expected to do as a team leader. When his men ask questions, he shows them a way to answer for themselves instead of giving them a direct answer, and that way he turns everything into a learning experience. With full confidence, I recommend him for the position of the Southeast Asian branch manager.

CHAPTER 1

目に見えるように書く

CHAPTER 1　目に見えるように書く

no.1 具体化①―アクション化する

BEFORE
① That old man was nice to me.
（その老人は私に対して親切だった）

AFTER
② That old man drew a map and showed me the way to the station.
（その老人は地図を描き、駅までの道を私に示してくれた）

BEFORE　その老人のことを「nice（親切）」と言っているだけで、その人のことが目に浮かばない
↓
AFTER　その老人がしてくれたこと（地図を描き、駅への道を示してくれた）がはっきりと目に浮かび、「nice（親切）な人だ」と読み手自身が感じる。

解説　英語で書いたり話したりするときに陥りがちなのが、「極端なシンプル化」。例えば、映画を観に行って感想を求められれば「面白かった」。レストランに食事に行って「どうだった」と訊かれれば、「おいしかった」。この極端なシンプル化の正体は、多くの場合、「形容詞への依存」。「おもしろい」「おいしい」など、簡単な形容詞を使えばとにかく通じなくはないので、つい頼ってしまうのです。

　しかし、実際のところ、これらの形容詞だけでは、「どこが面白かったのか」「どのくらいおいしかったのか」などは全く分かりませんから、相手にはあなたの顔が見えません。つまり、相手にとっては、あなたの言っていることは分かっても、あなたの言いたいことはイメージできないのです。そこで、今回のテクニックの出番です。

CHAPTER 1 目に見えるように書く

> **テクニック 1**
> 形容詞や副詞は、「アクション（主語＋動詞）」に書き換えて具体化する。

囲みの例文①から②への書き換えは以下のメカニズムで行なわれます。

① That old man was nice to me.
　⇨ その老人が nice だったと伝えたい。
　⇨ nice を具体化しよう。
　⇨ その老人（主語）は何をしてくれた（動詞）だろうか？
　⇨ 地図を描き、駅への道を示してくれた！
　↓
② That old man drew a map and showed me the way to the station.

では早速、練習問題で定着を図りましょう。

STEP 1 空欄を埋め、形容詞部分を「主語＋動詞」に書き換えて、より目に浮かぶようにしましょう。

① This knife is sharp.（このナイフは鋭い）

　Question 「このナイフは固い肉をたやすく切れる」に。

　This knife (　　　)(　　　) tough meat.

② He is quite active.（彼は大変積極的だ）

　Question 「彼は人と知り合うために毎晩出かける」に。

　He goes out every night to (　　　)(　　　) know people.

③ She is very reliable.（彼女はとても信頼できる）

　Question 「彼女は自分の言ったことはする」に。

　She does (　　　)(　　　) says.

15

Answers!　① easily cuts　② get to　③ what she

STEP 2　空欄を埋め、形容詞部分を「主語＋動詞」に書き換えて、より目に浮かぶようにしましょう。

① This car is in great condition.（この車は素晴らしい状態です）

Question　「この車は一度も壊れたことがなく、傷一つついていない」に。

This car has never (　　　) (　　　) and doesn't have a (　　　) on it.

② He is experienced in that field.（彼はその分野の経験が豊富です）

Question　「彼は一万台以上のコンピューターを、Sonyのような巨大企業を含む様々な会社に売った実績がある」に。

He (　　　) (　　　) more than 10,000 computers to various companies, (　　　) huge corporations such as Sony.

③ She is creative.（彼女はクリエイティブです）

Question　「新プロジェクトのミーティングではいつも彼女がいいアイデアを思いつき、私たちが壁を突破するのを助けてくれる」に。

Whenever we have a meeting for a new project, she is the one who (　　　) (　　　) (　　　) a good idea and helps us make a breakthrough.

Answers!　① broken down, scratch　② has sold, including
　　　　　③ comes up with

CHAPTER 1　目に見えるように書く

STEP 3

"Mr. Yamada is perfect for the position of the Southeast Asian branch manager. (山田さんは東南アジア支店長のポジションに完璧です)" を、「形容詞→主語＋動詞」のワザを使って、以下の日本文のようにより目に浮かぶ文に書き換えましょう。

> 「山田さんはチームリーダーとして何をするよう期待されているか、実によく分かっています。部下が質問すると、直接的な答えを与える代わりに、彼らが自分自身で答えに到達する道を彼は示し、そうすることによって彼は何もかもを彼らの学習体験へと変えていきます。私は、確信を持って、彼を東南アジア支店長のポジションに推薦します」

【Words】 自分自身で　for oneself　　～の代わりに　instead of
　　　　　学習体験　learning experience

解答例

Mr. Yamada knows exactly what he is expected to do as a team leader. When his men ask questions, he shows them a way to answer for themselves instead of giving them a direct answer, and that way he turns everything into a learning experience. With full confidence, I recommend him for the position of the Southeast Asian branch manager.

CHAPTER 1　目に見えるように書く

no.2 具体化②—リアクション化する

BEFORE
① That Chinese restaurant is very popular.
（その中華料理店はとても人気がある）

AFTER
② I always see people waiting in line in front of that Chinese restaurant.
（その中華料理店の前に人々が列になって待っているのをいつも見かける）

BEFORE　"popular（人気がある）" という形容詞が抽象的すぎて、目に浮かばない。
↓
AFTER　"people waiting in line（人々が列になって待っている）" という、「この中華料理店への人々のリアクション」をはっきりと示すことによって、目に浮かびやすくなっている。

解説　no.1の「アクション化」の、特によく使えるパターンのひとつがこの「リアクション化」です。この世に存在するもの全てはアクションとリアクションを繰り返しており、私たちはそれを見て、「速い」「遅い」「面白い」「退屈」などと、不断に判断を下し続けます。ともすれば、その判断の結果である形容詞や副詞ばかりを多用してしまうのが、私たちが陥りやすい罠なのです。
　確かに、形容詞や副詞一語で広くいろいろなことをカバーできるのは便利ではあるのですが、その広さゆえにあまりにも一般的すぎて、具体的にはどういうことなのか、なぜあなたがその形容詞や副詞を使うのか、相手には目に浮かびづらいのです。そこで、今回のテクニックの出番です。

CHAPTER 1　目に見えるように書く

> **テクニック2**
> 形容詞や副詞は、「リアクション（動作主＋動作）」に書き換えて具体化する。

囲みの例文①から②への書き換えは以下のメカニズムで行なわれます。

① That Chinese restaurant is very popular.
　⇨ その中華料理店が popular だと伝えたい。
　⇨ popular を具体化しよう！
　⇨ その中華料理店は誰のどんなリアクションを引き出しているだろうか？
　⇨ そこの前に人々が列になって待っている！
　↓
② I always see people waiting in line in front of that Chinese restaurant.

では早速、練習問題で定着を図りましょう。

STEP 1　空欄を埋め、抽象的な部分を「リアクション（動作主＋動作）」に書き換えて、より目に浮かぶようにしましょう。

① My computer often acts up.（私のコンピューターはしばしば調子が悪くなる）

　Question　「私は新しいコンピューターを買いに店へ行った」に。

　I went to a store （　　　　）（　　　　） a new computer.

② That news was surprising.（そのニュースは驚きだ）

　Question　「そのニュースのせいで私の母は言葉を失ったままだった」に。

　The news （　　　　） my mother （　　　　）.

③ The horror film was so scary.（そのホラー映画はとても怖い）

> **Question** 「そのホラー映画を観た後、私は悪夢を見て、冷や汗をかいて目覚めた」に。

After I watched the horror film, I had a bad dream and (　　　) (　　　) in a cold sweat.

> **Answers!** ① to buy ② left, speechless ③ woke up

STEP 2 空欄を埋め、抽象的な部分を「リアクション（動作主＋動作）」に書き換えて、より目に浮かぶようにしましょう。

① Morgan's death was saddening.（Morgan の死は悲しい）

> **Question** 「彼女の葬儀では、最初から最後まで、誰もがすすり泣いていた」に。

Everybody (　　　) (　　　) at her funeral from the beginning till the end.

② The Italian pizza was delicious.（そのイタリア式のピザはおいしかった）

> **Question** 「そのイタリア式のピザを食べ終わるや否や、私はもう一枚注文した」に。

I (　　　) (　　　) one as soon as I finished eating the Italian pizza.

③ Jack gets on everybody's nerves.（Jack は皆の神経に触る）

> **Question** 「Jack があまりにうざったいので、ある日 Susan が彼のところに歩いて行って顔を平手打ちした」に。

Jack was so annoying that one day Susan walked up to him and (　　　) (　　　) on the face.

> **Answers!** ① was sobbing ② ordered another ③ slapped him

STEP 3

"The book is interesting.（その本は面白い）" を、「リアクション（動作主＋動作）」のワザを使って、以下の日本文のようにより目に浮かぶ文に書き換えましょう。

> 「その本は最初はさほど面白そうに見えなかったので何週間も本棚に放って置いたけれども、私は間違っていた。ひとたび読み始めると私は読むのをやめることができず、ページをめくりながら徹夜した。読み終わったときには、空が既に明るくなっていた。結局私は午前中のクラスを寝飛ばしてしまったが、それだけの価値があった」

【Words】午前中のクラスを寝飛ばしてしまった　overslept and missed my morning classes

解答例

The book didn't look so interesting at first so I just left it on my bookshelf for weeks, but I was wrong. Once I started reading it, I just couldn't stop and stayed up all night turning pages. The sky was already bright when I finished. In the end I overslept and missed my morning classes, but it was worth it.

CHAPTER 1　目に見えるように書く

no.3　具体化③ ― 5W1Hを明示する

BEFORE
① I ran into Joey.
　　（私はJoeyに出くわした）

AFTER
② I ran into Joey near the police station a few days ago.
　　（2、3日前、警察署の近くで私はJoeyに出くわした）

BEFORE　「私がJoeyに出くわした」という事実しか分からない。
　↓
AFTER　「私がいつどこでJoeyに出くわした」が分かる。

解説　基本中の基本に見えて、意外なほど徹底されていないのが、これ。5W1H（いつ、どこで、誰が、何を、なぜ、どのように）は、具体的な情報伝達に欠かせないはず。ところが、とても多くの場合、私たちはこれを無意識のうちに省略してしまいます。なぜでしょうか。

　そうです。相手に伝えようとすることの内容は、自分自身には明らかだからです。自分では分かっているので最小限の情報伝達で済まそうとしてしまうのは、私たち人間がコミュニケーションをする上でつい犯してしまう普遍的なミスなのです。だからこそ、これにしっかり気をつけ、5W1Hを省略しないようにするだけで、格段に伝わるようになります。

テクニック3
　5W1Hを明示する。

CHAPTER 1　目に見えるように書く

囲みの例文①から②への書き換えは以下のメカニズムで行なわれます。

① I ran into Joey.
　⇨「Joey に出くわした」という最小限の事実しか伝えていない。
　⇨ 5W1H をはっきりさせよう。
　⇨「いつ？―2、3 日前」
　⇨「どこ？―警察署の近く」
　　↓
② I ran into Joey near the police station a few days ago.

では早速、練習問題で定着を図りましょう。

STEP 1　空欄を埋め、5W1H を明示して、より目に浮かぶようにしましょう。

① Will you finish as soon as possible?（できるだけ早く終わらせてくれませんか？）

Question　「金曜の夕方までに終わらせてくれませんか？」に。

Will you finish by (　　　) (　　　)?

② Just do it.（とにかくそれをしなさい）

Question　「とにかくその指導員が言うようにしなさい」に。

Just do as the (　　　) (　　　) you.

③ I need you to get the paperwork done immediately.（あなたにその書類を直ちに仕上げてもらう必要があります）

Question　「あなたにその書類を直ちに仕上げて市役所に提出してもらう必要があります」に。

I need you to get the paperwork done immediately and (　　　) (　　　) to city hall.

Answers!　① Friday evening　② instructor tells　③ submit it

STEP 2　空欄を埋め、5W1H を明示して、より目に浮かぶようにしましょう。

① I will drop by your office.（あなたの会社に寄ります）

> **Question**　「今朝の 9 時から 10 時の間に、あなたの会社に寄ります」に。

I will drop by your office (　　　) (　　　) and ten this morning.

② I don't know if I can come to the party.（そのパーティに来られるかどうか分かりません）

> **Question**　「両親が私を訪ねてくるので、そのパーティには参加できません」に。

I can't come to the party (　　　) my parents are coming to visit me.

③ Will you deliver it to Miller & Winston?（Miller & Winston 社にそれを配達してくれませんか？）

> **Question**　「Miller & Winston 社の受付係である Cape さんにそれを配達してくれませんか？」に。

Will you deliver it to Ms. Cape, the (　　　) at Miller & Winston?

Answers!　① between nine　② because　③ receptionist

CHAPTER 1　目に見えるように書く

STEP 3

"We need to talk about Mr. Kaneda.（我々は Kaneda さんについて話す必要がある）" を、「5W1H を明示する」のワザを使って、以下の日本文のようにより目に浮かぶ文に書き換えましょう。

> 「私は最近、従業員たちから、課長の一人である金田さんについて何通かのEメールを受け取りました。問題はかなりデリケートで直ちに対処する必要がありますので、社外で今日中にあなたと直接話し合わせていただきたいのです。いつどこで会うかお知らせください」

【Words】　課長　section manager　　直接　in person

解答例

I have received several emails from our employees recently regarding Mr. Kaneda, one of the section managers. The issue is quite delicate and needs to be taken care of immediately, so I'd like to discuss this with you in person **by the end of the day outside the office**. Please let me know when and where to meet.

CHAPTER 1　目に見えるように書く

no.4 具体化④―順序よく書く

BEFORE

① The pasta was excellent.
（そのパスタは素晴らしかった）

AFTER

② The color of red ripened tomatoes caught my eyes. The smell of garlic hit my nose. And the noodles, cooked al dente, tasted just right to me.
（赤く熟したトマトの色が私の目を引いた。にんにくの香りが私の鼻を刺激した。そして麺はアルデンテに調理され、まさに私好みの味わいだった）

BEFORE　「そのパスタは素晴らしかった」という最小限の事実のみが示されている。

↓

AFTER　「赤く熟したトマトの色」という見た目→「にんにくの香り」というにおい→「アルデンテに調理された麺」という触覚……と順序よく描写され、読み手が追体験できる。

解説　no.3と同様に犯しやすいミスを補うのがこれ。私たち人間は、自分で体験したことは既に知っています。だからこそ、いちいち細かく描写するのがまどろっこしく、きちんと順序よく説明しなくてもなんとなく伝えた気になってしまいがちです。しかし、あなたの経験を相手にきちんと追体験し、情報を理解するのみならず、感動をも共有してもらいたかったらなおさら、あなたがそれを体験した順番に、ひとつずつ段階を踏んで伝えるのが効果的なのです。これができるようになると、「敢えて順番を変える」という上級テクニックへの応用も可能になります。それには追って取り組みましょう。

CHAPTER 1 目に見えるように書く

> **テクニック4**
> 順序よく書く。

囲みの例文①から②への書き換えは以下のメカニズムで行なわれます。

① The pasta was excellent.
　⇨「そのパスタは素晴らしかった」と最小限の情報を伝えているのみ。
　⇨ その素晴らしさを、相手にも味わってもらいたい。
　⇨ 食べたときのことを思い出し、順を追って書いてみよう。
　⇨「赤く熟したトマトの色→にんにくの香り→麺はアルデンテ」…が順番によみがえってきた！
　↓
② The color of red ripened tomatoes caught my eyes. The smell of garlic hit my nose. And the noodles, cooked al dente, tasted just right to me.

では早速、練習問題で定着を図りましょう。

STEP 1　空欄を埋め、「順序よく書く」を使って、より目に浮かぶようにしましょう。

① I've lost my wallet.（私は財布をなくした）

| Question | 「私は家の近くのコンビニで昨夜買い物をし、それから家に帰った。いつもするように財布をポケットから出してベッド脇の台に置いたのを覚えている。そして今朝、なくなっていた」に。 |

I (　　　) (　　　　) at the convenience store near my house last night, then (　　　) (　　　). I remember (　　　) my wallet out of pocket and (　　　) it on the bedside stand as I always do. This morning, it's gone.

Answers!　① bought something, went home, taking, putting

STEP 2　空欄を埋め、「順序よく書く」を使って、より目に浮かぶようにしましょう。

① I am doing my job. (私は自分の仕事をちゃんとしている)

> **Question**　「私は100名以上の人々にこのプロジェクトに関するアンケートに記入してもらい、解答を分類して結果を関係者全員にメールで送った。そして、次の段階に進むため、私は彼らからの返信を待っている」に。

I had more than 100 people (　　　　) (　　　　) the questionnaire regarding this project. Then, I (　　　　) (　　　　) the answers and emailed the result to everybody it may concern, and I am (　　　　) (　　　　) their responses to move on to the next step.

Answers!　① fill out, sorted out, waiting for

STEP 3

"Ms. Patterson had a very bad day. (Pattersonさんはとてもひどい一日を過ごした)" を、「順序よく書く」のワザを使って、以下の日本文のようにより目に浮かぶ文に書き換えましょう。

> 「Pattersonさんは私の秘書だが、昨日あなたに電話を返すよう私に言うのを忘れ、今朝仕事に向かう途中、車の運転中にどういうわけかそれを突然思い出した。私に電話をしようと携帯電話を引っ張り出し、そのせいで交通事故が起きてしまった。彼女も含めて誰も死ななかったが、彼女は今まだ入院中だ」

【Words】　どういうわけか　for some reason　　交通事故　traffic accident

CHAPTER 1 目に見えるように書く

| 解答例

Ms. Patterson, my secretary, forgot to tell me to call you back yesterday, and for some reason she suddenly remembered it as she drove to work this morning. She pulled out her cell phone to call me, which caused a traffic accident. No one was killed including her, but she is still in the hospital now.

CHAPTER 1　目に見えるように書く

no.5 具体化⑤ — 文脈を示す

BEFORE

① That was the best *soba* I had ever had in my whole life.
（あれは私がこれまでに食べた中で一番おいしいソバだった）

AFTER

② It was freezing cold last night, and I saw a *soba* stand on the way home. The hot *soba* was exactly what my body craved. That was the best *soba* I had ever had in my whole life.
（昨夜は凍るように寒く、私は家に帰る途中にソバの屋台を見つけた。熱いソバはまさに私の体が欲していたものだった。あれは私がこれまでに食べた中で一番おいしいソバだった）

BEFORE　「これまでに食べた中で一番おいしい」と言っているのは分かるが、リアルに伝わってこない。

↓

AFTER　昨夜が凍るように寒く、温かいソバを食べるのにふさわしい「文脈（状況）」であったことが示され、おいしかった状況が目に浮かぶ。

解説　no.4「順序よく書く」を更に発展させたのがこの「文脈を示す」。上の例文のようにソバを食べて「おいしかった！」となったとき、実はソバそのものだけによってそのおいしさが実現しているのではない場合が少なくありません。例えば、「とても寒い日」ならば、「あったかいソバがおいしい」、逆に「とても暑い日」ならば「冷たいザルソバがおいしい」となるのは、日本人ならば誰もが思い出せる原風景。これに訴えれば、伝えたいことが一気に伝わりやすくなるというわけです。ソバならソバを食べる体験そのもののみならず、その前後の文脈にまで視野を広げてみましょう。

テクニック 5
主たる話題となっている体験の前後の文脈を示す。

囲みの例文①から②への書き換えは以下のメカニズムで行なわれます。

① That was the best *soba* I had ever had in my whole life.
  ⇨「今までに食べたソバで一番おいしかった」とは言っているが、読んでいる人の目には浮かびづらい。
  ⇨「なぜそんなにおいしかったのだろう」と思い出してみる。
  ⇨ ソバそのものだけでなく、前後の文脈・状況も思い出してみる。
  ⇨「昨夜は凍るように寒かったのだ！」と思い出す。
  ↓
② "It was freezing cold last night…" と、いきなりソバの話から始めず、文脈から書き出す。

では早速、練習問題で定着を図りましょう。

STEP 1 空欄を埋め、文脈を示してより目に浮かぶように書き換えましょう。
① I didn't mean it.（そんなつもりはなかった）

| Question | 「朝学校に来る途中に誰かが後ろから私を怒鳴りつけたことから始まって、今日は本当にひどい一日だった。だから、私はあなたに八つ当たりして、言うべきでないことを言ってしまった。そんなつもりはなかったのに。ごめんなさい」に。|

I was having a really bad day today, (　　　　) (　　　　) when someone yelled at me (　　　) (　　　　) on the way to school in the morning. (　　　) (　　　　) I took it out on you and said what I shouldn't have said. I didn't mean it. I'm sorry.

> **Answers!** ① starting from, from behind, That's why

STEP 2 空欄を埋め、文脈を示してより目に浮かぶように書き換えましょう。

① The politician said national budget cuts were inevitable.（その政治家は、国家予算の削減は不可避だと言った）

| Question | 「あるニュース記者がその政治家にオフレコで国家予算削減について個人的な意見を求めたところ、それは不可避であると彼は答えた」に。 |

A (　　　) (　　　) asked the politician off the record for his (　　　) (　　　) about national budget cuts, and he answered they were inevitable.

> **Answers!** ① news reporter, personal opinion

STEP 3

"The school teacher injured the boy with a knife.（その教師はナイフでその少年に怪我を負わせた）" を、「文脈を示す」のワザを使って、以下の日本文のようにより目に浮かぶ文に書き換えましょう。

> 「教室で、その少年はその教師をナイフで脅かした。教師は25歳の女性だった。放課後で、彼ら二人以外誰もいなかった。教師は少年にやめるように言ったが、彼はナイフを彼女に向けて進み出た。彼女は抵抗し、もみ合っているうちに少年は結局そのナイフで自分の腕を切った」

【Words】ナイフを彼女に向けて　with the knife pointed at her　もみ合う　struggle

> 解答例

The boy threatened the school teacher, a 25 year-old woman, with a knife in the classroom. It was after school and there was nobody else but two of them. The teacher told him to stop but he stepped forward with the knife pointed at her. She resisted, and while they struggled, the boy ended up cutting his own arm with the knife.

CHAPTER 1　目に見えるように書く

no.6 主観と客観を分ける

BEFORE
① I doubt if Melvin will get it finished by the deadline.
（Melvin が締め切りまでにそれを仕上げるかどうか疑わしいと私は思う）

AFTER
② Melvin has never gotten things finished by the deadline.
（Melvin は締め切りまでに物事を仕上げたことが一度もない）

BEFORE　Melvin のことを疑っているという主観が前面に出ている。
↓
AFTER　主観を抑え、「Melvin は締め切りまでに物事を仕上げたことが一度もない」という客観的事実のみを伝えている。

解説　no.1 の「アクション化」を別な側面から見ると、この「主観と客観を分ける」になります。主観的判断には、基本的に根拠があるはず。あなた自身の判断はとりあえず書かずにおき、根拠となる事実を淡々と、しかも丁寧に伝えた方が、相手にとっては状況が目に浮かびやすくなり、結果的にあなたの判断に相手が同意してくれる可能性が高まるものです。

とりわけ、感情的になっているときほど、いったん自分のことをカッコに入れ、「なぜそんな気持ちになっているのだろう」と状況を冷めた目で見つめ直してみてください。そして、それを客観的に描写してみてください。一気に、伝わるようになります。

CHAPTER 1 目に見えるように書く

> **テクニック6**
> 主観と客観を分け、主観的判断を削って、客観的描写のみを書く。

囲みの例文①から②への書き換えは以下のメカニズムで行なわれます。

① I doubt if Melvin will get it finished by the deadline.
⇨「Melvin が締め切りまでにそれを仕上げるかどうか疑わしい」という主観的判断が前面に出過ぎている。
⇨ これでは一方的な主観としか受け取ってもらえないかもしれない。
⇨「そもそもなぜ『疑わしい』と思っているのだろうか？」と自問する。
⇨「Melvin は締め切りまでに物事を仕上げたことが一度もないからだ」と、客観的根拠を思い出す。
 ↓
② Melvin has never gotten things finished by the deadline.

では早速、練習問題で定着を図りましょう。

STEP 1 空欄を埋め、「主観的判断」を削って「客観的描写」を主体にして、より目に浮かぶようにしましょう。

① I listened to him carefully.（私は彼に注意深く耳を傾けた）

> **Question**　「彼に耳を傾けている間、私は何一つ言わなかった」に。

I didn't say (　　　　) (　　　　　　) while listening to him.

② I thought the watch looked great and was inexpensive.（その腕時計は見た目が素晴らしく、しかも高くないと私は思った）

> **Question**　「その腕時計は手作りで、価格は10000円だった」に。

The watch was (　　　　　　) and priced 10,000 yen.

35

③ I feel that Sera is not the kind of girl you think she is.（Sera はあなたが思うような女の子ではないと感じる）

> **Question** 「おばあさんが助けを求めているのを Sera が無視するのを私は見た」に。

I saw Sera ignore an old woman (　　　) (　　　) help.

> **Answers!** ① a word　② hand-made　③ asking for

STEP 2 空欄を埋め、「主観的判断」を削って「客観的描写」を主体にして、より目に浮かぶようにしましょう。

① It seems that Harry is not interested in me.（Harry は私に興味がないようだ）

> **Question** 「Harry は私が話しかけても私を見ない」に。

Harry doesn't (　　　) (　　　) me when I talk to him.

② I believe that Mick is a nice guy.（Mick はいいやつだと私は信じる）

> **Question** 「Mick は私への全てのメールに親切な一行を添える」に。

Mick adds a line of (　　　) (　　　) on every email he writes me.

③ I'm not sure if Kevin is the best option that we have for the task.（Kevin がその業務について我々の持つ最良の選択肢かどうか私にはよく分からない）

> **Question** 「Kevin は仕事をやり遂げはするが、修正するのに時間のかかるたくさんのミスをする」に。

Kevin gets a job done, but makes many mistakes which take long (　　　) (　　　).

> **Answers!** ① look at　② kind words　③ to correct

CHAPTER 1　目に見えるように書く

STEP 3

"I wonder if Jason wants to come with us to the day trip scheduled tomorrow.（明日に予定されている日帰り旅行に、Jason は私たちと一緒に来たいのだろうか）" を、「『主観的判断』を削って『客観的描写』を主体にする」のワザを使って、以下の日本文のようにより目に浮かぶ文に書き換えましょう。

> 「明日に予定されている日帰り旅行に私たちと一緒に来たいと Jason は当初言っていたが、そのイベントについて先週私が送ったメールには返信していない。私はリマインダーとしてもう一通書いたが、それに対しても返事を受け取っていない。私は学校で彼を見かけて挨拶したが、彼はその時もこの件について何一つ言わなかった」

【Words】　当初は　initially

解答例

Jason initially said he wanted to come with us on the day trip scheduled tomorrow, but he hasn't replied to the email that I sent last week about the event. I wrote another mail as a reminder but have received no reply to that one either. I saw him at school and said "hi" but he didn't say anything about it then either.

CHAPTER 1　目に見えるように書く

no.7　五感を使う

BEFORE
① I enjoy sitting around in a park.
（私は公園でぼんやり座って過ごすのが好きだ）

AFTER
② The rustling sound of leaves is very comforting.
（葉ずれの音にはとても安らぐ）

BEFORE　「公園でぼんやり座って過ごす」という描写があいまい。
↓
AFTER　「葉ずれの音」という五感に訴えるものが含まれているので、「それは確かに安らぐ」と読者は共感しやすい。

解説　人間は五感によって世界とかかわる生き物。だからこそ、これをフルに使って描写すれば、読者にもストレートに伝わります。日本語ではなく英語で話したり書いたりするときには、どうしても余裕がなくなりがちですが、そんなときこそいったん立ち止まり、思い出してください。何が見えたか、聞こえたか。何を触り、味わったか。どんなにおいが漂ってきたか。不思議なもので、五感を使って思い出すと、芋づる式にいろいろなことがよみがえってきます。自分にとっても実り豊かで、相手にとっても共感しやすい、二重の意味で有益な方法です。

テクニック7
　五感に訴える表現を盛り込む。

CHAPTER 1　目に見えるように書く

囲みの例文①から②への書き換えは以下のメカニズムで行なわれます。

① I enjoy sitting around in a park.
　⇨「公園でぼんやり座って過ごすのが好き」という体験における、見たり、聞いたり、触ったり、味わったりしたことを、具体的に思い出す。
　⇨「どんな気持ちだったか」よりも「何をしたか」の方に焦点をあてる。
　⇨ 葉ずれの音が聞こえた！
　↓
② The rustling sound of leaves is very comforting.

では早速、練習問題で定着を図りましょう。

STEP 1　空欄を埋め、五感に訴え、より目に浮かぶ表現に書き換えましょう。

① Susan's new house was quiet.（Susan の新しい家は静かだった）

Question　「Susan の家の中では外からの音が何も聞こえなかった」に。

In Susan's house, I didn't (　　　) (　　　) from outside.

② The soup was delicious.（そのスープはおいしかった）

Question　「そのスープは、しょうが、たまねぎ、きのこのような材料が組み合わさって、素晴らしいにおいがした」に。

The soup's combination of ingredients, such as ginger, onion, and mushroom, (　　　) (　　　).

③ The water of the mountain stream was clear.（その渓流の水は澄んでいた）

Question　「その渓流の水は澄み切っていて、いくらか甘かった」に。

The water of the mountain stream was crystal clear and (　　　) (　　　) sweet.

Answers!　①hear anything　②smelled lovely　③tasted somewhat

STEP 2　空欄を埋め、五感に訴え、より目に浮かぶ表現に書き換えましょう。

① There was nothing but the dead bodies of innumerable dolphins on the beach.（その浜辺には無数のイルカの死骸以外何もなかった）

> **Question**　「私がその浜辺に到着したときに最初に襲ってきたのは、無数のイルカの死骸の吐き気を催させるにおいだった」に。

The first thing that struck me when I arrived at the beach was the (　　　)(　　　) of the dead bodies of innumerable dolphins.

② I love ramen noodles.（私はラーメンが大好きだ）

> **Question**　「ラーメンを食べるときには、麺をすする音が最も食欲をそそる」に。

When I eat ramen noodles, the sound of (　　　)(　　　) the noodles is most appetizing.

③ The dentist's office that just opened in my neighborhood last week seems to be getting on track.（私の家の近所につい最近開いた歯医者は軌道に乗りつつあるようだ）

> **Question**　「歯医者が私の家の近所につい最近できたが、そこを通りかかると少なくとも10人は中に入っていくのを見かけた」に。

A dentist's office just opened in my neighborhood last week, and I saw at least ten people walking in as I (　　　)(　　　) it.

Answers!　①sickening smell　②sucking in　③walked past

CHAPTER 1　目に見えるように書く

STEP 3

"A human body is a precision machine.（人間の身体は精密機械だ）"を、「五感に訴える」のワザを使って、以下の日本文のようにより目に浮かぶ文に書き換えましょう。

> 「人間の身体は独特のきめの皮膚で覆われている。すなわち、粗すぎでもなければ、滑らか過ぎでもない。人間の目は様々な色や明るさや、暗さや、コントラストのような視覚的要素をとらえることができるが、それは最高級のカメラですらとらえられないほどのレベルだ。ひとつの身体が実に多くの器官を持ち、それらが同時に機能しているが、典型的な機械と正反対でほとんど何の音も聞こえない」

【Words】　きめ　texture　　視覚的要素　visual elements
　　　　　最高級の　top-of-the-line　　同時に　simultaneously

解答例

A human body is covered with a unique texture of skin: not too rough or too smooth. Human eyes can catch visual elements such as various colors, brightness, darkness, and contrast to the extent that even a top-of-the-line camera cannot capture. One body has so many different organs inside working simultaneously, but we hardly hear any noise as opposed to a typical machine.

CHAPTER 2

イメージできるように書く

CHAPTER 2　イメージできるように書く

no.1 質問①—質問の3つのパターン

BEFORE
① Just say anything you want to say.
（言いたいことを何でもとにかく言いなさい）

AFTER
② Are you for or against his opinion?
（あなたは彼の意見に賛成ですか、反対ですか？）

BEFORE　「言いたいことを何でもとにかく言いなさい」では、相手はどう反応してよいか分からないかもしれない。

↓

AFTER　「あなたは彼の意見に賛成ですか、反対ですか？」と質問内容をはっきりさせることによって、相手は答えやすくなる。

解説　質問には3つのパターンがあります。

(1) Yes/No/Or型： こちらが選択肢を提示するパターンで、相手は"Yes,""No"などと単純な選択をすればよいのでとても楽です。一方で、こちら主導の会話になり過ぎる可能性もあるので、その点は注意する必要があります。

(2) What型： 「日本食では何が一番好きですか？」「日本ではどこに行ってみたいですか？」などのように、(1)と比べてより相手の主体性や個性が強く反映されるパターンです。同時に、答えがきちんと定まる場合が多いため、相手にとっても答えにくくはなく、質問者と回答者のバランスがとれています。

(3) Why/How 型： 「なぜそう思うのですか？」などのように、より漠然とした質問を相手に投げかけるパターンで、相手の主体性や個性が回答に反映されやすい一方で、回答者にとっては最も答えにくく、答えに詰まってしまうこともあり得ます。

よって、実際の会話においては、(1)できっかけをつくりつつ、(2)を織り交ぜ、(3)を多用しすぎないように注意するのが最も実践的です。

> **テクニック 8**
> Yes/No/Or 型の質問できっかけをつくりつつ、What 型の質問を織り交ぜる。

囲みの例文①から②への書き換えは以下のメカニズムで行なわれます。

① Just say anything you want to say.
　⇨ これでは相手は答えにくいかもしれない。
　⇨ 「結局、自分が聞きたいのは何だろう」と考える。
　⇨ 更には、「相手にとって答えやすい質問から入ってみよう」と考える。
　⇨ 彼の意見に対する賛成・反対を聞いてみよう！
　　↓
② Are you for or against his opinion?

では早速、練習問題で定着を図りましょう。

STEP 1 空欄を埋め、「質問」のテクニックを使って、相手がこたえやすいように書き換えましょう。

① Do what you want to do.（したいことをしなさい）

> **Question** 「卒業後は、大学に行きたいですか。それとも働き始めたいですか」に。

Do you want to go to college or (　　　)(　　　) after graduation?

> **Question** 「自分は何が得意だと思いますか？」に。

What do you think you are (　　　)(　　　)?

> **Question** 「成人した後はどう生計を立てていこうと計画していますか」に。

How are you (　　　)(　　　) make a living after you come of age?

Answers! ① start working, good at, planning to

STEP 2 空欄を埋め、「質問」のテクニックを使って、相手がこたえやすいように書き換えましょう。

① You look quite unhappy.（あなたはずいぶん不満そうだ）

> **Question** 「私があなたに対してした何らかのことについて、気分を害しているのですか？」に。

Are you upset at something that I (　　　)(　　　) to you?

> **Question** 「あなたをそんな気分にしたのは何ですか？」に。

What is it (　　　)(　　　) put you in such a mood?

> **Question** 「あなたの気分がよくなるようにするには、私はどうすればよいですか？」に。

CHAPTER 2 イメージできるように書く

How can I (   ) (   ) you get in a better mood?

> **Answers!** have done, that has, possibly help

STEP 3

"Johnson looked angry at the party last night. (Jason は昨夜のパーティで怒っているように見えた)" を、「質問」のワザを使って、以下の日本文のようにより相手が対応しやすい文に書き換えましょう。

> 「Johnson は昨夜のパーティで怒っているように見えました。私が何かやらかしたのだと思うのですが、私は何一つはっきり覚えていません。というのも、かなり酔っていたからです。あなたは一晩中彼のそばにいたので、何でもいいから知らないだろうかと思って。彼は何に怒っているのですか？彼は私に謝罪してほしいのでしょうか？それとも放っておいてほしいのでしょうか？どうすれば彼と仲直りできるのでしょうか？」

【Words】 一晩中　throughout the night　　謝罪する　apologize
　　　　　彼と仲直りする　make up with him

解答例

Johnson looked angry at the party last night. I think I did something wrong but I don't remember anything clearly because I was pretty drunk. You were near him throughout the night, so I'm wondering whether you know anything. What is it that he was angry at? Does he want me to apologize or just leave him alone? How can I make up with him?

CHAPTER 2　イメージできるように書く

no.2 質問② ─限定をかける&経験を聞く

BEFORE
① What would you take with you to an uninhabited island?
（無人島に行くなら、何を持っていく？）

AFTER
② What is the one item that you would take with you to an uninhabited island?
（無人島にたった一つだけ品物を持っていくなら、それは何？）

BEFORE　「無人島に行くなら、何を持っていく」と漠然とした仮定の話をしているので、答えを考えにくい。
↓
AFTER　「たったひとつだけ持っていくなら〜」とよりはっきりと限定をかけているので、相手はより具体的に想像しやすい。

解説　答えやすい質問をするのに、特に即効性のあることがふたつあります。ひとつは、「たったひとつだけ」「これまでで一番の」「これまでで最悪の」などと、はっきりした限定をかけること。そうすれば、相手は漠然とではなくより具体的に想像することが可能になります。

もうひとつは、「仮定」ではなく「経験」を訊くこと。例えば、「もし無人島に行くなら、何を持っていく？」よりも、「一人旅したときに、何を持っていった？」の方が更に効果的なのです。なぜなら、後者の場合、回答者は「想像する」のではなく「思い出せ」ばよく、断然答えやすいからです。加えて、経験は仮定よりもはるかに正直かつ忠実に、その人のことを反映するとも考えられます。

CHAPTER 2 イメージできるように書く

> **テクニック 9**
> 質問の際は、限定をかける。また、仮定よりも経験を訊く。

囲みの例文①から②への書き換えは以下のメカニズムで行なわれます。

① What would you take with you to an uninhabited island?
 ⇨「無人島に行くなら、何を持っていく？」ではあいまい過ぎて答えにくいかもしれない。
 ⇨ 何らかの限定、縛りをかけることによって、イメージが湧きやすくなるようにできないか？
 ⇨ 持っていくものを「ひとつだけ」に限定してはどうだろうか？
 ↓
② What is the one item that you would take with you to an uninhabited island?

では早速、練習問題で定着を図りましょう。

STEP 1 空欄を埋め、「質問」のテクニックを使って、相手がこたえやすいように書き換えましょう。

① Who would you talk to if you could choose anybody in human history?（人類の歴史から誰でも選べるならば、誰と話す？）

 Question　「過去に誰の伝記を読んだことがある？」に。

 Whose biography have you read in (　　　　)(　　　　)?

② Would you like to be born as a human again if there was such thing as an afterlife?（来世のようなものがあるとしたら、あなたはまた人間に生まれてきたい？）

49

Question 「もう一度だけ生まれてこられるとしたら、何もしくは誰にあなたはなりたい？」に。

If you could be born again only (　　　)(　　　) time, what or who would you want to be?

③ What would you do if you had plenty of time to waste?（浪費する時間がたっぷりあったら、何をする？）

Question 「休みがあるとき、典型的には何をする？」に。

When you have some (　　　)(　　　), what do you typically do?

Answers! ① the past　② one more　③ time off

STEP 2 空欄を埋め、「質問」のテクニックを使って、相手がこたえやすいように書き換えましょう。

① Would you help an old woman if you saw her in trouble?（おばあさんが困っているのを見たら、助ける？）

Question 「おばあさんが困っている状況に出くわしたことはある？そのときあなたは何をした？」に。

Have you been in a situation where you (　　　)(　　　) an old woman in trouble? What did you do then?

② If you could eat anything now, what would you eat?（今何でも食べられるならば、何を食べる？）

Question 「人生最後の食事に、何を食べる？」に。

What would you eat for the (　　　)(　　　) of your life?

③ What will you say to your daughter when she turns 18?（君の娘が18歳になった時、何と言う？）

CHAPTER 2　イメージできるように書く

Question　「君の会社の若手社員にいつも何と言っている？」に。

What do you always say to the (　　　)(　　　) of your company?

Answers!　① ran into　② last meal　③ younger employees

STEP 3

"Would you dare to eat *natto* if you were a foreigner and didn't know what it is?（もし君が外国人で納豆が何であるか知らなかったら、君は敢えてそれを食べる？）" を、「質問」のワザを使って、以下の日本文のように、相手がよりこたえやすい文に書き換えましょう。

「初めはグロテスクに見えた外国の食べ物を君は今までに食べたことがある？もしあるなら、君の最初の反応はどうだった？気にしないで、食べ慣れたものを食べるようにただ食べた？それとも、最初はためらって、心をきめるのに時間をかけた？それを口の中に入れたとき、ゆっくりと味わった？それともとにかく飲み込んだ？」

【Words】　最初の反応　initial response　　食べ慣れたもの　familiar foods
　　　　　心をきめる　make up your mind

解答例

Have you ever eaten a foreign food that first appeared grotesque? If yes, what was your initial response? Did you not care and just eat it as you eat familiar foods, or did you hesitate first and take time to make up your mind? When you put it in your mouth, did you taste it slowly or just swallow it?

CHAPTER 2　イメージできるように書く

no.3　比喩①—直喩

> **BEFORE**
> ① We all experience love.
> 　（我々は誰もが恋愛を経験する）
>
> **AFTER**
> ② Love is like the measles: we all have to go through it.
> 　（恋愛ははしかのようなものだ。我々誰もが通り抜けねばならない）

BEFORE　「我々は誰もが恋愛を経験する」という、一般的なコメントの域を出ない。

↓

AFTER　恋愛を「はしか」という誰もがかかりうる病にたとえることによって、イメージが湧きやすくなっている。

解説　比喩は表現の王様。巧みに使いこなせば、これほど使える道具はないと言っても過言ではありません。まずは、直喩から。これは「まるで〜のように（ような）」という言い方で何かを何かにたとえる表現。最大のメリットは、「まるで雪のように白い肌」「まるで山のように大きな体」などと、「まるで〜のように（ような）」に当てはめさえすればよいので、誰でも簡単に比喩表現をつくることができるということです。まずはこれに慣れ、そこから次の段階へと発展させていきましょう。

テクニック 10
「まるで〜のような」と直喩を使う。

囲みの例文①から②への書き換えは以下のメカニズムで行なわれます。

① We all experience love.
　⇨ 単なる一般的な主張に終わっている気がする。
　⇨ 「まるで〜のように」とたとえることはできないか？
　⇨ 恋愛は何に似ているだろう？
　⇨ 「恋の病」と言うし、「病気」はどうだろうか？
　⇨ 誰でもかかりうる「はしか」にしよう！
　　↓
② Love is like the measles: we all have to go through it.

では早速、練習問題で定着を図りましょう。

STEP 1 空欄を埋め、直喩を使って、よりイメージが湧くように書き換えましょう。

① He was very brave.（彼はとても勇敢だ）

Question 「彼はライオンのように勇敢だ」に。

He was as brave as (　　　) (　　　).

② This liquor is weak.（この酒は弱い）

Question 「この酒は水のように弱い」に。

This liquor is as weak (　　　) (　　　).

③ Mr. Jordan seemed irritated.（Jordanさんはいらいらしているように見受けられた）

Question 「Jordanさんは放っておいてほしいかのように振舞った」に。

Mr. Jordan acted as if he (　　　) (　　　) to leave him alone.

53

> **Answers!** ① a lion ② as water ③ wanted me

STEP 2 空欄を埋め、直喩を使って、よりイメージが湧くように書き換えましょう。

① The wedding dress was pure white.
（そのウェディングドレスは純白だった）

> **Question** 「そのウェディングドレスは雪のように白かった」に。

The wedding dress was as white (　　　)(　　　).

② Tom and Jessie looked very happy. (Tom and Jessie はとても幸せに見えた)

> **Question** 「Tom and Jessie は世界一幸せなカップルに見えた」に。

Tom and Jessie looked like the (　　　)(　　　) in the world.

③ Mrs. Watson remained calm. (Watson 夫人は平静であり続けた)

> **Question** 「Watson 夫人はあたかも彼女の夫には何も起こらなかったかのように平静であり続けた」に。

Mrs. Watson remained calm as if nothing (　　　)(　　　) to her husband.

> **Answers!** ① as snow ② happiest couple ③ had happened

CHAPTER 2 イメージできるように書く

STEP 3

"My boss was angry.（私の上司は怒っている）" を、「直喩」のワザを使って、以下の日本文のようによりイメージが湧く文に書き換えましょう。

> 「彼の部屋に入るや否や、上司が雄牛のように怒っていることが私には分かった。彼の顔は真っ赤で、拳は握り締められ、そして私に中に入るように言った時、彼の声は震えていた。彼は私の顔をまともに見て、数秒間何も言わなかった。あたかも私を怒鳴りつける瞬間を待っているかのように」

【Words】 雄牛　bull　　拳は握り締められ　with his fists clenched
　　　　 私を怒鳴りつける　yell at me

解答例

As soon as I walked in his office, I knew my boss was as angry **as a bull**. His face was all red with his fists clenched, and his voice was shaking when he told me to come in. He looked me in the face and said nothing for several seconds as if he was waiting for the moment to yell at me.

CHAPTER 2　イメージできるように書く

no.4 比喩②—隠喩

BEFORE
① His performance was awesome.
（彼の演技は素晴らしかった）

AFTER
② His performance was awesome. That was magic.
（彼の演技は素晴らしかった。あれは魔法だ）

BEFORE　「素晴らしかった」ということを伝えたいのだが、awesome では抽象的すぎて、伝わる気がしない。

↓

AFTER　"magic（魔法）" というたとえを使うことで、誰もが瞬時にイメージできるようになる。

解説　直喩の次は、隠喩を。これは、「直喩から『まるで〜のように』を引く」と考えておけば OK。例えば、「彼の演技はまるで magic のようだった」は直喩。「彼の演技は magic だった」は隠喩。

　隠喩の方が、「まるで〜のように」がないだけ少々ハードルが高くなりますが、同時に「まるで〜のように」がないからこそ、文の中にこっそり紛れ込ませ、相手の心の中に忍びこませることもできます。また、「まるで〜のように」がないので、あなたが何をたとえてそう言っているのかを相手はより主体的に想像する必要があり、だからこそ相手とのより深いコミュニケーションの可能性が秘められているとも言えます。直喩に飽き足りなくなってきたら、ぜひ挑戦してください。

CHAPTER 2　イメージできるように書く

> **テクニック 11**
> 敢えて「まるで〜のように」を省いて隠喩を使う。

囲みの例文①から②への書き換えは以下のメカニズムで行なわれます。

① His performance was awesome.
　⇨「素晴らしかった」と言いたいが、awesome ではイメージが具体的に湧きづらいと感じる。
　⇨ まずは直喩で、「まるで〜のように」と考える。
　⇨ 彼の演技は、まるで何のようだったろうか？
　⇨ "magic（魔法）"のようだった！
　⇨ いっそ、「まるで〜のように」を取ってしまおう！
　↓
② That was magic.

では早速、練習問題で定着を図りましょう。

STEP 1　空欄を埋め、隠喩を使って、よりイメージがしやすい文に書き換えましょう。

① He knows everything.（彼は何でも知っている）

　Question　「彼は生き字引だ」に。

　He is a (　　　　)(　　　　).

② So many things happen in life.（人生では実にたくさんのことが起きる）

　Question　「人生は長い旅だ」に。

　Life is a (　　　　)(　　　　).

③ A beautiful woman can be dangerous.（美しい女性は時に危険だ）

　Question　「美しい女性は毒バラだ」に。

　A beautiful woman is a (　　　　)(　　　　).

57

Answers! ① walking dictionary ② long journey ③ poisonous rose

---

STEP 2 空欄を埋め、隠喩を使って、よりイメージがしやすい文に書き換えましょう。

① Jake is unpredictable when he is angry. (Jake は起こるとわけが分からなくなる)

> **Question** 「Jake は怒ると野生動物になる」に。

Jake is a (　　　　　) (　　　　　) when he is angry.

② The meeting was proceeding extremely slowly. (そのミーティングは極端にゆっくりと進んでいた)

> **Question** 「そのミーティングはカタツムリのペースで進んでいた」に。

The meeting was proceeding at a (　　　　　) (　　　　　).

③ I think you are confusing two different things. (あなたはふたつの異なる物事を混同していると思う)

> **Question** 「あなたはリンゴとミカンをごちゃごちゃにしていると思う」に。

I think you are (　　　　　) (　　　　　) and oranges.

Answers! ① wild animal ② snail's pace ③ mixing apples

CHAPTER 2　イメージできるように書く

STEP 3

"Andy and Michael don't get along.（AndyとMichaelはそりが合わない）"を、「隠喩」のワザを使って、以下の日本文のように、よりイメージがしやすい文に書き換えましょう。

> 「AndyとMichaelは私の課にいる最も有能な二人だ。彼らは二人とも最高のプログラマーであり、この分野の者ならば誰でも一度や二度は少なくとも名前を聞いたことがあるくらい良く知られている。しかしながら、ミーティングでAndyがMichaelに賛成するのを私は一度も見たことがない。その逆も同様だ。簡単に言えば、彼らは水と油だ。これをどうすればよいか私には分からない」

【Words】　有能な　capable　　最高の　top-notch　　その逆も同様だ　and vice versa

解答例

Andy and Michael are the two most capable men that I have in my department. They are two top-notch computer programmers so well-known that everybody in the field has at least heard their names once or twice. However, I have never seen Andy agreeing with Michael in meetings, and vice versa. Simply put, they are **oil and water**. I don't know how to handle this.

CHAPTER 2　イメージできるように書く

no.5 比喩③―象徴

BEFORE
① Sean is unhappy.
　（Sean は不幸せだ）

AFTER
② Sean hardly smiles these days.
　（Sean はこのところほとんど笑わない）

BEFORE　「Sean は不幸せだ」という一般的な主張に終わっている。
↓
AFTER　「ほとんど笑わない」という「不幸」を象徴するものが提示されることによって、イメージが湧きやすくなる。

解説　比喩を更に高度化していきましょう。次は、象徴です。人間は、象徴を使いこなすことによって、超高度なコミュニケーションを可能にしています。例えば、白い鳩。たったこれだけで、私たちは平和をイメージします。あるいは、こたつとみかん。これだけで、日本人は、冬を過ごすほのぼのとした家庭をイメージします。

　直喩、暗喩に慣れてきたら、更に前に進み、あなたの伝えたいことの核心をズバリとつかむ象徴を探し当てて、センテンスに放り込んでみてください。

CHAPTER 2 イメージできるように書く

> **テクニック 12**
> 伝えたいことを端的に象徴するものを盛り込む。

囲みの例文①から②への書き換えは以下のメカニズムで行なわれます。

① Sean is unhappy.
⇨「不幸せ」ではあまりにも漠然とし過ぎている。
⇨ 最近の彼を見ていて、最も気になることは何だろう。
⇨ 彼のことを「不幸せ」と私が感じるのは、なぜだろう？彼のそんな状態を象徴することは何だろう？
⇨ 彼は最近ほとんど笑わない！
↓
② Sean hardly smiles these days.

では早速、練習問題で定着を図りましょう。

STEP 1 空欄を埋め、象徴を使って、よりイメージが湧きやすくなるように書き換えましょう。

① I find Carl kind of scary.（Carl はちょっとおっかないと思う）

> **Question** 「Carl はいつも銃を携行している」に。

Carl always carries a (　　　　).

② John loves his mother.（John は自分の母親を愛している）

> **Question** 「John は毎年バースデーカードを自分の母親に贈っている」に。

John sends his mother a (　　　) (　　　) every year.

③ Mr. Stotts is very rich.（Stotts さんはとても金持ちだ）

> **Question** 「Stotts さんはプールの二つついた大きな家を所有している」に。

Mr. Stotts owns a big house (　　　　) two swimming pools.

> **Answers!** ① gun ② birthday card ③ with

STEP 2 空欄を埋め、象徴を使って、よりイメージが湧きやすくなるように書き換えましょう。

① He is so greedy.（彼は実に強欲だ）

> **Question** 「彼が欲しいのは金だけだ」に。

All he wants is (　　　　).

② Mr. Babin was a pious Christian.（Babin さんは敬虔なキリスト教徒だった）

> **Question** 「Babin さんは死んだときに手に聖書を持っていた」に。

Mr. Babin had (　　　)(　　　　　) in his hand when he died.

③ I said to myself, "What a peaceful world."（「なんて平和な世界だろう」と私は独り言を言った）

> **Question** 「私は、公園で遊んでいる子どもたちの上を白い鳩が飛んでいくのを見た」に。

I saw a (　　　　)(　　　　　) flying over those kids playing in the park.

> **Answers!** ① money ② the Bible ③ white dove

CHAPTER 2 イメージできるように書く

STEP 3

"Tokyo is a very busy city.（東京はとても忙しい街だ）" を、「象徴」のワザを使って、以下の日本文のように、よりイメージが湧きやすい文に書き換えましょう。

> 「東京の人々は私の故郷の人々の少なくとも二倍の速さで歩く。彼らは肩をぶつけ合う。とりわけ駅ではそうだ。だが、誰ひとり気にもしないようだ。彼らは滅多に詫びも言わず、ただ歩き去る。東京に出張するといつも、彼らのペースについていこうとしていつもよりもずっと速く歩いている自分に気づく」

【Words】 肩をぶつけ合う bump shoulders　　歩き去る walk off

解答例

People in Tokyo **walk at least twice as fast** as those in my hometown. They bump shoulders, especially in train stations, but nobody seems to care. They hardly ever say sorry and just walk off. Whenever I go on a business trip to Tokyo, I find myself walking much faster than usual to keep up with those people.

CHAPTER 2　イメージできるように書く

no.6 比喩④―擬人化

BEFORE
① There are many drops of water on the glass.
（そのグラスにはたくさんの水滴がついている）

AFTER
② The glass is sweating.
（そのグラスは汗をかいている）

BEFORE　「グラスにたくさんの水滴がついている」という描写の域を出ない。
↓
AFTER　グラスを擬人化して「汗をかいている」ということによって、イメージが湧きやすくなると同時に、自分の個性を出すことができる。

解説　比喩の中でも最も楽しく、そして効果的なのがこの擬人化。「人にたとえる」ということで、「車のヘッドライトがウインクした」「流れ星が挨拶した」「電柱がさびしげに立っている」などと使います。私たちは人間ですから、人間にたとえると、とても親しみやすく感じ、イメージが湧きやすくなります。また、世界がとても生き生きとして感じられるようにもなります。だからこそ、これを使いこなせるようになると効果絶大というわけです。

テクニック 13
人でないものを擬人化し、人にたとえる。

CHAPTER 2　イメージできるように書く

囲みの例文①から②への書き換えは以下のメカニズムで行なわれます。

① There are many drops of water on the glass.
⇨「グラスにたくさんの水滴がついている」では、単なる描写に過ぎないと感じる。
⇨ それを人にたとえれば、何だろうか？
⇨ 水滴が汗に見えなくもない。
⇨「グラスが汗をかいている」とたとえてみよう！
↓
② The glass is sweating.

では早速、練習問題で定着を図りましょう。

STEP 1　空欄を埋め、擬人化を使って、よりイメージしやすいように書き換えましょう。

① My computer is down again.（私のコンピューターがまた落ちた）

Question　「私のコンピューターは私のことが嫌いだ」に。

My computer (　　　　) (　　　　).

② Time flies.（時間は飛ぶように過ぎる）

Question　「時間は誰のことも待たない」に。

Time never (　　　　) (　　　　) anyone.

③ Trees were shaking in the wind.（木々は風で揺れていた）

Question　「木々が風と踊っていた」に。

Trees were (　　　　) (　　　　) the wind.

Answers!　① hates me　② waits for　③ dancing with

STEP 2　空欄を埋め、擬人化を使って、よりイメージしやすいように書き換えましょう。

① The sun was bright this morning.（今朝、太陽が明るかった）

> **Question**　「太陽が私に『おはよう』とあいさつした」に。

The sun (　　　　)(　　　　　　) "good morning."

② Here comes a great opportunity.（素晴らしい機会がやってきた）

> **Question**　「素晴らしい機会がドアをノックしている」に。

A great opportunity (　　　　)(　　　　　) on the door.

③ The flowers in the garden were in urgent need of water.（その花壇の花は水が緊急に必要だ）

> **Question**　「その花壇の花は水をくれと懇願した」に。

The flowers in the garden (　　　　)(　　　　) water.

Answers!　① greeted me　② is knocking　③ begged for

STEP 3

"The wind blew softly last night.（昨夜は風がやさしく吹いた）" を、「擬人化」のワザを使って、以下の日本文のように、よりイメージしやすい文に書き換えましょう。

> 「昨夜、家に帰っていたら、風がほほをやさしく撫でるのを感じた。風は穏やかにささやいた。私は一所懸命がんばり、そして今日のプレゼンテーションではいい仕事をしたのだから、今夜はしっかり寝ればよいと。踊る星々でいっぱいの空には月がほほ笑んでいるのが見えた。何もかもがとにかくうまくいっていると私は感じた」

【Words】今夜はしっかり寝ればよい　deserve a good night sleep

CHAPTER 2 イメージできるように書く

解答例

Last night, as I walked home, I felt the wind touching my cheeks tenderly. It whispered softly that I worked hard and did a good job with the presentation today, so I deserve a good night sleep. I saw the moon smiling at me from the sky filled with dancing stars. I got a feeling that everything was going just fine.

CHAPTER 3

読みやすいように書く

CHAPTER 3　読みやすいように書く

no.1 キーワード・フレーズを設定する

BEFORE
① We should try harder.
（私たちはもっと一生懸命やってみるべきだ）

AFTER
② Accepting challenges is what we need most.
（試練を受け止めることが今我々が最も必要なことだ）

BEFORE　try という言葉ではあいまいで、印象が弱いと感じる。
↓
AFTER　"accepting challenges" という、より印象の強いキーワードを盛り込み、読み手の理解を助ける。

解説　言葉巧みな政治家を評して、「ワンフレーズポリティクス」という言葉が流行した時期がありました。「短い言葉で民衆を扇動してけしからん」という批判的な意見も少なくありませんでしたが、それも結局はキャッチーなフレーズの「つかむ力」を認めてのことです。前後して、海の向こうの選挙でも、"change" や "Yes, we can." というキーワード・フレーズが大ブームとなったことがありました。「こちらが伝えたいこと」と「あちらが聞きたいこと」がキーワード・フレーズとして上手く交わると、爆発的な効果があるということは、歴史が証明しています。

テクニック14
キーワード・フレーズを意図的に盛り込む。

囲みの例文①から②への書き換えは以下のメカニズムで行なわれます。

① We should try harder.
　⇨ try ではニュアンスまでは伝わらない。もっとはっきりと、こちらの伝えたいことを表現したい。
　⇨ challenge ではどうか？
　⇨ "accepting challenges（試練を受け止める）" という、ぴったりのフレーズがある。
　　↓
② Accepting challenges is what we need most.

では早速、練習問題で定着を図りましょう。

STEP 1　空欄を埋め、キーワード・フレーズを盛り込んだ、より読みやすい文に書き換えましょう。

① We need to change radically.（我々は根本的に変わる必要がある）

Question　「我々には『創造的破壊』が必要だ」に。

We need a "(　　　) (　　　　)."

② We have too much information going around today.（今日、過剰な情報が行き交っている）

Question　「今日は『情報過負荷』の時代だ」に。

This is the age of "(　　　) (　　　)."

③ The fact that you cannot stop smoking shows how weak you are.（あなたが喫煙をやめられないという事実は、あなたがどれほど弱いかを示す）

Question　「あなたが喫煙をやめられないことを私はあなたの弱さの象徴と受け取る」に。

I take it as a (　　　　) of weakness that you cannot stop smoking.

> **Answers!** ① creative destruction ② information overload
> ③ sign

STEP 2 空欄を埋め、キーワード・フレーズを盛り込んだ、より読みやすい文に書き換えましょう。

① Pat acts differently in different places.（Pat は異なる場所では異なる振舞いをする）

> **Question** 「Pat は多重人格を持っているかのように振舞う」に。

Pat acts as if he has (　　　)(　　　).

② I think we should cut cost more.（経費をもっと削減すべきだと思う）

> **Question** 「我々が欠いているのは、生産性という概念だ」に。

What we lack is the concept of (　　　).

③ We need to compromise to get things done and move forward.（物事を終わらせて前進するには妥協する必要がある）

> **Question** 「物事を終わらせて前進するには『落とし所』を探す必要がある」に。

We need to look for a (　　　)(　　　) to get things done and move forward.

> **Answers!** ① multiple personalities ② productivity
> ③ happy medium

CHAPTER 3 　読みやすいように書く

STEP 3

"We have more and more senior citizens in society. (社会にはますます多くの高齢者がいる)" を、「キーワード・フレーズ」のワザを使って、以下の日本文のように、より読みやすい文に書き換えましょう。

> 「我々は高齢化社会に生きているとしばしば言われ、それはある程度は分かります。しかしながら、この国の人口のおよそ4分の1が65歳以上であるという事実から、高齢社会と呼ぶ方がおそらくはより適切です。どちらの方があなたにとってよりふさわしく響くか教えてくれませんか？」

【Words】　高齢化社会　aging society　　ある程度は　to a certain degree
　　　　　高齢社会　aged society

解答例

It is often said that we are living in an **aging society**, and it does make sense to a certain degree. However, with the fact that about one quarter of this country's population is over 65, it is probably better to call it an **aged society**. Will you tell me which sounds better to you?

CHAPTER 3　読みやすいように書く

no.2 キーセンテンスを設定する

BEFORE
① It seems that you are a little too hesitant.
（あなたはちょっと躊躇しているように見受けられる）

AFTER
② Just do it!
（とにかくそれをやりなさい！）

BEFORE　「～であると見受けられる」という表現では、慎重な印象を与えはするが、相手にズバリと突き刺さらない。

↓

AFTER　「とにかくそれをやりなさい！」というシンプルでまっすぐなメッセージが、キーセンテンスとして相手に印象づけられる。

解説　一面、大人になるとは、はっきりとものを言わなくなるということでもあります。もちろん、その方が適切であるとみなされる場合がないわけではありません。歯に全く衣を着せない人は、むしろ疎まれがちだったりもするものです。しかし、だからこそ、ともすれば、言っていることが曖昧すぎて、結局何が言いたいのか相手に伝わらないというリスクが常にあります。

　それゆえ、あなたの言いたいことのエッセンスにあたる短い文をキーセンテンスとして用意すると効果的です。必要ならば、一度ではなく、二度か三度それを話や文章の中に入れ込むわけです。持って回った言い方を避けて、シンプルさに徹するのがコツ。時には大胆に、言い切るのを楽しみましょう。

テクニック 15
短くてシンプルなキーセンテンスを、場合によっては複数回入れる。

囲みの例文①から②への書き換えは以下のメカニズムで行なわれます。

① It seems that you are a little too hesitant.
　⇨ 失礼には当たらない表現かもしれないが、私の言いたいことは相手に伝わっているだろうか？
　⇨ そもそも、相手が "hesitant (躊躇している)" であるのは何が問題なのだろう？
　⇨ 相手がどうすれば、その問題が解消、解決されるのだろう？
　⇨「とにかくやってみればいい」と伝えたいんだ！
　↓
② Just do it!

では早速、練習問題で定着を図りましょう。

STEP 1 空欄を埋め、キーセンテンスを設定して、より読みやすい文に書き換えましょう。

① Everybody hates Mr. Willis but nobody says so.（誰もが Willis さんを嫌っているが、誰もそう言わない）

> **Question**
> 「誰もが Willis さんを嫌っているが、誰もそう言わない。なぜなら彼は大変な大金持ちであるからだ。彼の周りの者は皆、彼を悪く言うのは賢くないと思っているようだ。金が物を言うということだ」に。

Everybody hates Mr. Willis but nobody says so because he is (　　　) (　　　) money. It seems everybody around him thinks that it would be unwise to (　　　) (　　　) of him. (　　　) (　　　).

> **Answers!** loaded with, speak ill, Money talks

STEP 2
空欄を埋め、キーセンテンスを設定して、より読みやすい文に書き換えましょう。

① Why don't you just carry out your plan?（どうしてあなたは自分自身の計画をとにかく実行しないのか？）

> **Question** 「考えすぎる前に跳びなさい。もしくは跳びながら考えなさい。単なる時間の無駄だ、もしあなたが計画を実行に移すことなく改訂し続けているならば」に。

Leap before you (　　). Or think (　　) you leap. It's just a waste of time if you (　　) (　　) your plan without carrying it out.

> **Answers!** ① overthink, as, keep revising

STEP 3
"Why can't we coexist peacefully?（なぜ我々は平和に共存できないのか？）" を、「キーセンテンス」のワザを使って、以下の日本文のように、より読みやすい文に書き換えましょう。

> 「戦争や紛争のニュースを聞くといつでも、犠牲者の写真を見るといつでも、特に子どもたちのものを見ると、私は考えずにはいられない。人間は平和に共存することがいつかできるのだろうかと。多分私は世間知らずすぎるのだろうが、私は、愛は憎しみよりも強く、心の奥底では誰もが愛し愛されたいのだと信じている。愛こそすべてだ」

【Words】 戦争や紛争　wars and conflicts　　犠牲者　victims
　　　　　平和に共存する　coexist peacefully　　心の奥底では　deep down

解答例

Whenever I hear news about wars and conflicts, whenever I see photographs of victims, especially of children, I cannot help wondering if humans can ever coexist peacefully. Maybe I'm too naïve, but I believe love is stronger than hate, and deep down everybody wants to love and be loved. **Love is all**.

CHAPTER 3　読みやすいように書く

no.3 テーマとトピックを峻別する

BEFORE
① This essay is on the Japanese economy.
（この小論文は日本経済についてである）

AFTER
② This essay analyzes whether or not the Japanese economy will rise once again.
（この小論文は日本経済がもう一度復活するかどうかを分析する）

BEFORE　「日本経済について」と、テーマが漠然と記されているのみである。
↓
AFTER　日本経済というテーマにおける「日本経済がもう一度復活するか」というトピックがはっきりと示されている。

解説　テーマは「〜について」の「〜」のこと。多くの場合、これは「日本政治」「地球環境」「人類の歴史」などの分野を示すだけにとどまります。これではあまりにも広すぎて、結局あなたが何を伝えようとしているかまでは、相手に伝わりにくいのです。

　そこで登場するのが、「トピック」。こちらは基本的に、上の囲みのように「〜かどうか」という形や「○○は何か」という疑問文の形をとりつつ、あなた自身の切り口を表します。そして、トピックとして挙げられた疑問に答えることこそがあなたの話の内容であるということが、相手にすんなり伝わるのです。問いが興味深ければ、人は話を聞くもの。その意味で、問いは答え以上に重要です。

> **テクニック 16**
> テーマにとどまらず、トピックをはっきり伝える。

囲みの例文①から②への書き換えは以下のメカニズムで行なわれます。

① This essay is on the Japanese economy.
　⇨「日本経済について」では、テーマを漠然と示しているに過ぎない。
　⇨ 私はこのテーマで何を語りたいのだろう？
　⇨ それを具体的に疑問文で示そう。
　⇨「日本経済はもう一度復活するか？」だ！
　↓
② This essay analyzes whether or not the Japanese economy will rise once again.

では早速、練習問題で定着を図りましょう。

STEP 1　空欄を埋め、トピックをはっきりさせることで、より読みやすい文に書き換えましょう。

① Let me tell you how to fix your computer.（あなたのコンピューターをどうやって直すか教えます）

| **Question** | 「あなたのコンピューターを直す最も基本的な3つの手順を教えます」に。 |

Let me tell you the most (　　　　) (　　　　　) steps to fix your computer.

② Today's topic has something to do with the cell phone market.（今日の議題は携帯電話市場に関係がある）

| **Question** | 「今日は、携帯電話市場への我々の参入の可能性について話しましょう」に。 |

Today let's talk about the possibility of our (　　　　) (　　　　) the cell phone market.

③ This paper is about the lowering birthrate of Japan.（このレポートは低下している日本の出生率についてである）

> **Question** 「このレポートは日本の出生率がなぜ低下し続けているのかを検証する」に。

This paper examines why the birthrate of Japan keeps (　　　) (　　　).

> **Answers!** ① basic three　② breaking into　③ getting lower

STEP 2 空欄を埋め、トピックをはっきりさせることで、より読みやすい文に書き換えましょう。

① Please tell me about good restaurants you know.（どうぞあなたが知っているいいレストランについて教えてください）

> **Question** 「この町で一番の韓国料理店はどこで見つかるか教えてくれませんか」に。

Will you tell me (　　　) (　　　) find the best Korean restaurant in town?

② Do you know anybody who knows much about the history of this city?（この町の歴史についてよく知っている人を誰か知っていますか）

> **Question** 「この町の歴史について最も知識があるのは誰だと思いますか」に。

Who do you think is (　　　) (　　　) about the history of this city?

③ The article is about Chinese hegemony.（この記事は中国の覇権についてである）

> **Question** 「この記事は中国の覇権がどれくらい長く続きうるかについてである」に。

The article is about how long China's hegemony (　　　) (　　　).

CHAPTER 3　読みやすいように書く

Answers!　① where to　② most knowledgeable　③ could last

STEP 3

"We are going to discuss world peace.（我々は世界平和について話し合うつもりだ）" を、「トピック」のワザを使って、以下の日本文のように、より読みやすい文に書き換えましょう。

「我々は世界平和がいつかは可能であるかどうかについて話し合うつもりです。より具体的には、我々は核融合技術を今後50年以内に平和利用する可能性について探求します。もし興味があるならば、参加者名簿にあなたの名前を加えられるように、前もって教えてください」

【Words】　世界平和　world peace　　より具体的には　more specifically
　　　　　探求する　explore　　核融合技術　nuclear fusion technology
　　　　　参加者名簿　the list of participants

解答例

We are going to discuss whether or not world peace is ever possible. More specifically, we will explore the possibility of putting nuclear fusion technology to a peaceful use within the next fifty years. If you are interested, let me know in advance so I can add your name to the list of participants.

81

CHAPTER 3　読みやすいように書く

no.4 言いたいことをひとつに絞る

BEFORE

① I think educating parents is important to improve the quality of child education. Also, we will need more schools than we have now.
（親を教育することは子どもの教育の質を向上させるのに重要だと思う。また、今あるよりも多くの学校が必要となるだろう）

AFTER

② Educating parents is the key to improve the quality of child education.
（親を教育することは子どもの教育の質を向上させるカギである）

BEFORE　「また」という接続詞を使ってあれもこれも言おうとして、結局何が言いたいのかが見えにくくなっている。

↓

AFTER　「親を教育することは子どもの教育の質を向上させるカギである」ことの一点に絞り込まれている。

解説　英語で話すときに陥りがちな罠の一つが、とにかく伝えようとがんばり過ぎて、「しゃべり過ぎ」になってしまうこと。具体的には、無用な繰り返しが多くなりがちであることと、この項のポイントである「あれもこれも言おうとして焦点がぼやけてしまうこと」のふたつが代表的なケースです。これでは相手を混乱させるばかりで、せっかくの努力が水の泡になってしまいます。

徹底すべきは、「まずは一つのことについて、話を完了させる」というスタンス。ひとつ終わってから、次。これならば自分も楽ですし、相手も楽です。この「完了」という感覚が身についてくると、必ず伝わりやすくなり、相手から「あなたの話は分かりやすい」という反応が返ってきます。

> **テクニック 17**
> 言いたいことを一つに絞り、ひとつのことについて完了させてから次に行く。

囲みの例文①から②への書き換えは以下のメカニズムで行なわれます。

① I think educating parents is important to improve the quality of child education. Also, we will need more schools than we have now.
 ⇨ あれもこれもとさすがに盛り込み過ぎではないだろうか。相手にきちんと伝わっているだろうか？
 ⇨ 一番言いたいことは何だろう？
 ⇨「親を教育することの大切さだ」
 ⇨ ならば、そこに絞り込もう！
 ↓
② Educating parents is the key to improve the quality of child education.

では早速、練習問題で定着を図りましょう。

STEP 1 空欄を埋め、言いたいことをひとつに絞って、より読みやすい文に書き換えましょう。

① There are various reasons to continue investing in India. At the same time, there are an equal number of reasons to stop investing.
（インドに投資し続けるべき様々な理由がある。同時に、投資をやめるべき理由も同じ数だけある）

> **Question** 「我々はインドへの投資を直ちにやめるべきだ」に。

We (   ) stop investing in India immediately.

② There are so many victims of war dying at this very moment. War has as long a history as human civilization. War is often called a way to solve international conflicts.（とてもたくさんの戦争の犠牲者がまさに今この瞬間にも死んでいっている。戦争は人類文明と同じ長さの歴史を持っている。戦争はしばしば国際紛争解決の手段と呼ばれる）

Question 「私は戦争を国際紛争解決の手段として受け入れない」に。

I don't (　　　　　) war as a way to solve international conflicts.

Answers!　① should　② accept

STEP 2　空欄を埋め、言いたいことをひとつに絞って、より読みやすい文に書き換えましょう。

① Crimes by minors are on the increase. There is a distinction between crimes and misdemeanors, and I hear that more and more serious crimes have been committed by minors. In my childhood I shoplifted and got caught once, but I didn't even think about committing any other crimes.（未成年者による犯罪は増加している。犯罪と軽犯罪には区別があり、ますます多くの重大な犯罪が未成年者によってなされていると聞いている。子どもの頃私は万引きをして捕まったことが一度あるが、他のどんな犯罪も、しようと考えもしなかった）

Question 「ある年齢になったら、未成年者も大人と同じく厳しく罰せられるべきだ」に。

After turning a certain age, minors should be punished as (　　　　　) as adults.

② TV programs today are plain boring. It's true that the resolution of a TV monitor is better than before and the picture looks great, but what's on it is basically just a waste of time. I don't trust the information broadcast on TV, either.（今日のテレビ番組はまったく退屈

CHAPTER 3 読みやすいように書く

だ。テレビモニターの解像度が前よりよくなっていたり、絵がきれいにみえたりは確かにするが、映るのは基本的に時間の無駄にすぎないものばかりだ。また、私はテレビで放送される情報を信用しない)

Question 「最も重要な情報機器としてのテレビの地位はコンピューターにとって代わられてしまった」に。

The position of TV as the top information device has been ( ) ( ) by computers.

Answers! ① severely ② taken over

STEP 3

"Japan may not be a religious country, but maybe it is.（日本は宗教的ではないかもしれないが、やっぱり宗教的であるかもしれない)" を、「言いたいことをひとつに絞る」のワザを使って、以下の日本文のように、より読みやすい文に書き換えましょう。

「クリスマスイブには、日本人、特に若者たちはどこか特別な場所に行き、素晴らしい時を過ごす。一週間後、大晦日には、彼らは仏教のお寺に行って鐘を鳴らす。一日後、すなわち元旦には、彼らは神道の神社に初詣に行く。日本は宗教的な国だ」

【Words】 鐘を鳴らす　ring the temple bell
　　　　初詣する　　make a ritual first visit of the year

解答例

On Christmas Eve, Japanese people, especially young ones, go some place special and have a good time. A week later, on New Year's Eve, they go to Buddhist temples to ring the temple bell. The day after, on New Year's Day, they go to Shinto shrines to make a ritual first visit of the year. **Japan is a religious country**.

CHAPTER 3　読みやすいように書く

no.5 接続語を活用する①──原因・理由

> **BEFORE**
> ① We decided not to climb the snowy mountain.
> （我々は雪深い山に登らないことに決めた）
>
> **AFTER**
> ② As it was getting dark, we decided not to climb the snowy mountain.
> （暗くなってきたので、我々は雪深い山に登らないことに決めた）

BEFORE 「山に登らないことに決めた」という判断のみが示されている。
↓
AFTER 接続詞 as を使うことによって、「暗くなってきたので」と、「山に登らないことに決めた」という判断の根拠が示されている。

解説　読みやすい文とは、「読み手がついていきやすい文」のこと。読み手が文を読みながら理解するのは、大きく分けて、個々の言葉の意味と、接続関係のふたつです。「接続関係」にはいろいろなレベルがありますが、特に重要なのは、節と節、文と文の接続関係。これは要するに、「ＡがＢする」と「ＣがＤする」のつなぎ方を、「ＡがＢするけれどもＣがＤする」、「ＡがＢするならばＣがＤする」、「ＡがＢするときにＣがＤする」のように、「けれども」「ならば」「ときに」などの接続詞を使って示すということ。慣れてくると、接続詞を省いてもきちんと伝わる英文を自在に書けるようになりますが、まずは誤解なく伝えることを優先し、接続詞を使って接続関係を明示することから始めましょう。ここから３項続けて接続詞を扱いますが、まずは「原因・理由」から。因果関係は筋の通った話の基本。必須中の必須項目です。

テクニック 18
接続詞を使って、因果をはっきりさせる。

囲みの例文①から②への書き換えは以下のメカニズムで行なわれます。

① We decided not to climb the snowy mountain.
⇨「山に登らないことに決めた」という判断を伝えるだけでは、相手にどこまで状況が伝わるだろうか？
⇨ 状況を伝えるために、こう判断した根拠を示そう。
⇨ 暗くなってきたからそう決めたのだ。
⇨「原因」の接続詞のひとつである as を使おう！
↓
② As it was getting dark, we decided not to climb the snowy mountain.

では早速、練習問題で定着を図りましょう。

STEP 1 空欄を埋め、因果の接続語を活用して、より読みやすい文に書き換えましょう。

① The film was not very exciting.（その映画はあまり面白くなかった）

> **Question**「その映画はあまり面白くなかった。観客の多くが眠ってしまったという事実から判断すると」に。

The film was not very exciting, (　　　　) (　　　　　　) the fact that many in the audience fell asleep.

② I know exactly what you are saying.（私にはまさにあなたの言っていることが分かる）

> **Question**「私にはまさにあなたの言っていることが分かる。なぜなら私も同じことを通り抜けてきたからだ」に。

I know exactly what you are saying (　　　　　) I have gone through the same thing.

87

③ We must stop here and leave in a minute.（我々はここでやめて、すぐに出発せねばならない）

> **Question** 「もう時間が残っていないので、我々はここでやめて、すぐに出発せねばならない」に。

(　　　　) there is no more time left, we must stop here and leave in a minute.

> **Answers!** ① judging from　② because　③ Since

STEP 2　空欄を埋め、因果の接続語を活用して、より読みやすい文に書き換えましょう。

① You should take care of your parents.（あなたは両親の面倒を見るべきだ）

> **Question** 「今やあなたは大人になったのだから、両親の面倒を見るべきだ」に。

(　　　　)(　　　　　) you have grown up, you should take care of your parents.

② We didn't go fishing.（我々は釣りにはいかなかった）

> **Question** 「天気が悪い方に変わったせいで、我々は釣りにはいかなかった」に。

We didn't go fishing (　　　　)(　　　　) the weather changing for the worse.

③ You should get it done as soon as possible.（それを可能な限り早く終わらせるべきだ）

> **Question** 「締め切りを大きく過ぎていることを考えると、それを可能な限り早く終わらせるべきだ」に。

(　　　　)(　　　　　) it is well past deadline, you should get it done as soon as possible.

CHAPTER 3　読みやすいように書く

Answers!　①Now that　②due to　③Seeing that

STEP 3

"Plastic surgery is not that different from putting on makeup. (整形手術は化粧をするのとそれほど違わない)" を、「因果の接続語」のワザを使って、以下の日本文のように、より読みやすい文に書き換えましょう。

> 「整形手術と化粧はさほど違わない。これらが両方とも、より性的にアピールするようにあるいは年齢よりも若く見えるようにというような同じ目的で顔の物理的外観を変えることによって『欺く』ことであるという前提のもとでは。私の考えは少々行き過ぎだろうか？」

【Words】整形手術　plastic surgery　　化粧　makeup　　行き過ぎの　far-fetched

解答例

On the premise that plastic surgery and makeup are both "deceiving" by means of changing the physical appearance of your face for the same purposes such as becoming more sexually appealing or looking younger than your age, they are not that different from each other. Is my idea a little too far-fetched?

CHAPTER 3　読みやすいように書く

no.6 接続語を活用する②—条件・譲歩

> **BEFORE**
> ① I will never tell you where she is.
> （私はどこに彼女がいるかあなたに決して言わない）
>
> **AFTER**
> ② Even if I know where she is, I will never tell you.
> （どこに彼女がいるか知っていても、私はあなたに決して言わない）

BEFORE　「決して言わない」という強い意思は表明されているが、もうひと押し。

↓

AFTER　譲歩の接続詞 "even if" を入れることによって、「知っていても（決して言わない）」という条件が加わり、より強い意思表示になっている。

解説　接続詞の二つ目は、条件と譲歩を。物事を進めていく上では、条件がつきもの。例えば、「晴れたら行く」「雨なら行かない」。従って、これを明示することが、より具体的で相手にとって分かりやすい英文に直結します。

　これの発展形が、譲歩。「たとえ雨が降っても行く」「たとえ晴れても行かない」という感じで、より強く自己主張する感じがします。そのような強い主張をすればそれだけリスクを負うことにもなりますが、あなたの顔がそれだけはっきり見えることにもなります。

CHAPTER 3 読みやすいように書く

> **テクニック 19**
> 条件の接続詞を使ってより具体的に。譲歩の接続詞を使ってより強く。

囲みの例文①から②への書き換えは以下のメカニズムで行なわれます。

① I will never tell you where she is.
　⇨「決して言わない」で悪くはないが、もっと強く意思表示したい。
　⇨ 何か条件をつけてみよう。どんな条件のもとで、私は「言わない」のだろうか？
　⇨「知っていても（言わない）」はどうか？
　⇨ 譲歩の接続詞 even if を使おう！
　　↓
② Even if I know where she is, I will never tell you.

では早速、練習問題で定着を図りましょう。

STEP 1 空欄を埋め、条件や譲歩の接続詞を使って、より読みやすい文に書き換えましょう。

① I am not happy.（私は幸福でない）

> **Question**　「あなたが幸福でなければ、私は幸福でない」に。

I am not happy (　　　　) you are happy.

② You must try and see for yourself.（あなたは自分自身で試してみるべきだ）

> **Question**　「最初は馬鹿げてあるいは間違っているように見えるかもしれないが、あなたは自分自身で試してみるべきだ」に。

(　　　　) (　　　　　) it may look silly or wrong at first, you must try and see for yourself.

③ I will never be interested in joining the club. (私はそのクラブに参加することに興味を持つことは決してないだろう)

> **Question** 「Jordan さんがメンバーである限り、私はそのクラブに参加することに興味を持つことは決してないだろう」に。

I will never be interested in joining the club (　　　) (　　　) as Mr. Jordan is a member.

> **Answers!** ① unless　② Even though　③ as long

STEP 2　空欄を埋め、条件や譲歩の接続詞を使って、より読みやすい文に書き換えましょう。

① You will feel the effect of the medicine. (あなたはその薬の効果を感じるだろう)

> **Question** 「この薬を飲んだ瞬間、あなたは効果を感じるだろう」に。

(　　　) (　　　) you take this medicine, you will feel the effect.

② I don't think that it's impossible for our team. (私は思わない。それが我々のチームにとって不可能だとは)

> **Question** 「その仕事が相当困難であることは認めるが、私は思わない、それが我々のチームにとって不可能だとは」に。

(　　　) I admit that the task is quite difficult, I don't think that it's impossible for our team.

③ The students were allowed to go swimming in the river. (その生徒たちは川に泳ぎに行くことが許された)

> **Question** 「あまり遠くに行かず、担任教師の目の届く範囲内に留まることを条件に、その生徒たちは川に泳ぎに行くことが許された」に。

CHAPTER 3 読みやすいように書く

The students were allowed to go swimming in the river on (　　　) (　　　) that they didn't go too far and that they stay in the homeroom teacher's sight.

Answers!　① The moment　② While　③ the condition

STEP 3

"I will go to Kyoto and help you resolve the situation. (私は京都に行き、あなたがその状況を解決するのを手伝います)" を、「条件や譲歩の接続詞」のワザを使って、以下の日本文のように、より読みやすい文に書き換えましょう。

> 「あなたのメールを読み、京都のその状況が全く深刻であることを理解しました。すぐさま解決される必要があることは明瞭であり、私は自分にできることは何でもします。しかしながら、あなたがまず京都に行き、自分一人で準備を整える場合に限り、私は京都に行き、その状況を解決するのを手伝います。なぜなら、あなたはそのプロジェクトの責任者であり、これに対処すべき人だからです」

【Words】 解決する　resolve　　準備を整える　get things prepared
　　　　自分一人で　by yourself

解答例

I read your mail and understood that the situation in Kyoto was quite serious. It's obvious that it needs to be fixed right away, and I will do everything I can. However, I will go to Kyoto and help you resolve the situation **only if** you go there first and get things prepared by yourself, because you are in charge of the project and are supposed to take care of this.

93

CHAPTER 3　読みやすいように書く

no.7 接続語を活用する③ ―相関関係

BEFORE

① I don't feel very comfortable with you.
（あなたと一緒にいると落ち着かない）

AFTER

② It's not that I hate you. It's just that I don't feel very comfortable with you.
（あなたを嫌いということではありません。ただ単に、あなたと一緒にいるとあまり落ち着かないということです）

BEFORE　「あなたと一緒にいると落ち着かない」と、言いにくいことを相手にまっすぐぶつけ過ぎてしまったかもしれない。

↓

AFTER　"not ~ just" と相関接続を活用することによって、「~ではなく、ただ単に…なだけだ」と、よりニュアンスの分かる表現になっている。

解説　接続詞、そしてこのチャプターの締めくくりは、相関接続を。これは、「AではなくてB」「AのみならずB」「AもBも両方とも」などと、AとBを相互に関連づけるもので、多くが "not A but B," "not only A but also B," "both A and B" のように慣用的な成句として使われています。これらには代表的なパターンがあり、その数は多くないので、頭に入れてしまうのが手っ取り早く、しかも、あなたの言いたいことの骨格がはっきり示されるので相手にはとても分かりやすくなります。これは、特に使えるツールのひとつ。存分に活用しましょう。

CHAPTER 3 読みやすいように書く

> **テクニック 20**
> 相関関係を明示することによって、言いたいことの骨格をはっきり伝える。

囲みの例文①から②への書き換えは以下のメカニズムで行なわれます。

① I don't feel very comfortable with you.
⇨「あなたと一緒にいると落ち着かない」とだけ言い切っては、さすがに言い過ぎではないだろうか?
⇨ もう少し丁寧に、誤解を招かないように、ニュアンスをしっかり伝えたい。
⇨ 私はこの人が嫌いなわけではない。そこもきちんと伝えねば。
⇨ 私は、「落ち着かない」ということが言いたいのではなくて、「嫌いなのではなくて、落ち着かないだけ」と言いたいのだ。
⇨ 相関関係を表す "not A but B" を使おう!
↓
② It's not that I hate you. It's just that I don't feel very comfortable with you.

では早速、練習問題で定着を図りましょう。

STEP 1 空欄を埋め、相関関係を示して、より読みやすい文に書き換えましょう。

① Their language is radically different from ours.(彼らの言語は根本的に我々のと異なる)

Question「アメリカが地理的に言って太平洋の反対側にあるということだけでなく、彼らの言語が根本的に我々のと異なるということである」に。

It's not just that America is geographically on the other side of the Pacific (　　　)(　　　) that their language is radically different from ours.

② We need to work harder to get out of this crisis.（我々はこの危機から脱するためにもっと一所懸命働く必要がある）

Question　「出口がないということではなく、我々はこの危機から脱するためにもっと一所懸命働く必要があるということだ」に。

It's (　　　) that there is no way out, (　　　) that we need to work harder to get out of this crisis.

③ What his wife says is not entirely true.（彼の妻が言うことは、全く真実であるというわけではない）

Question　「彼が嘘をついているか、彼の妻が言うことが全く真実であるというわけではないか、どちらかだ」に。

It's (　　　) he is lying (　　　) what his wife says is not entirely true.

Answers! ① but also　② not, but　③ either, or

STEP 2 空欄を埋め、相関関係を示して、より読みやすい文に書き換えましょう。

① He didn't lose his girlfriend.（彼はガールフレンドを失わなかった）

Question　「Jackson は持っていたお金を全て失ったのでもなければ、ガールフレンドを失ったのでもない」に。

It's (　　　) that Jackson lost all the money (　　　) that he had lost his girlfriend.

② The situation is getting better.（状況はよくなってきている）

Question　「状況がよくなってきているということのみならず、この5年間取り組んできた新製品が壁を突破するのにとても近づいているということでもある」に。

It's not only that the situation is getting better (　　　) (　　　) that we are getting very close to making a breakthrough with the new product we have been working on for the last five years.

③　The economic system as a whole is collapsing.（経済システム全体が崩壊しつつある）

> **Question**　「単に我々が倒産の淵にあるということのみならず、経済システム全体が崩壊しつつあるということだ」に。

It's not (　　　) that we are on the verge of going out of business, (　　　) the economic system as a whole is collapsing.

Answers!　① neither, nor　② but also　③ simply, but

STEP 3

"Mary didn't make a mistake.（Mary はミスを犯さなかった）" を、「相関関係」のワザを使って、以下の日本文のように、より読みやすい文に書き換えましょう。

> 「Mary がミスを犯したのでも、舞台裏で何か不公平なことが起こっていたのでもない。Mary は最善を尽くして素晴らしいできばえだったが、他の演者たちは更によかったということに過ぎない。私が見た中で最高のピアノコンテストであったし、Mary がその一翼を担ったことを私は誇りに思う」

【Words】　舞台裏で　behind the scenes　　その一翼を担う　be part of it

| 解答例

It's neither that Mary made a mistake **nor that** there was something unfair going on behind the scenes. **It's just that** Mary did her best and did a wonderful job, but other performers were even better. It was the greatest piano competition I have ever seen, and I am proud that Mary was part of it.

CHAPTER 4

注意をひきつける

CHAPTER 4 注意をひきつける

no.1 時間軸をさかのぼる

BEFORE

① She lied to me twice, so I slapped her on the face.
（彼女は私に二度嘘をついた。それで、私は彼女の顔を平手打ちした）

AFTER

② I slapped her on the face. She lied to me twice.
（私は彼女の顔を平手打ちした。彼女は私に二度嘘をついたのだ）

BEFORE　「彼女が私に二度嘘をついた」ことと「私が彼女の顔を平手打ちした」ことが順序良く示されている。

↓

AFTER　「私が彼女の顔を平手打ちした」ことを先に示すことによって「なぜそんなことをしたのだろう」と思わせ、その疑問に対して「彼女が私に二度嘘をついた」という理由へとさかのぼって答えている。

解説　このチャプターでは、これまでの３章で取り組んできた「分かりやすさ」を超えたより高度なテクニックへと進んでいきます。まずはこの「時間軸をさかのぼる」から。チャプター１で学んだように、分かりやすく書くための基本のひとつは、順序良く書くこと。しかし、いつもこれに従ってばかりいると、分かりやすいからこそ、相手はあなたの話に能動的に耳を傾ける必要がなくなりかねません。そこで、相手にしっかりと聞いてもらうために、まず結果となる出来事を示し、敢えてそこからさかのぼります。すると、「なぜそんな結果になったのだろう？」「何がその結果をもたらしたのだろう」と相手の注意をひきつけ、能動性を引き出すことができるようになります。

CHAPTER 4　注意をひきつける

> **テクニック21**
> 敢えて結果から先に示し、原因・理由へとさかのぼる。

囲みの例文①から②への書き換えは以下のメカニズムで行なわれます。

① She lied to me twice, so I slapped her on the face.
　⇨ 出来事を順序良く伝えているので確かに分かりやすいかもしれないけれど、もっと相手の注意を引きつけられないだろうか。
　⇨ インパクトがあるのは、「彼女の顔を平手打ちした」という「結果」の方ではないだろうか。
　⇨ これをまず先に言って、そこからさかのぼろう！
　↓
② I slapped her on the face. She lied to me twice.

では早速、練習問題で定着を図りましょう。

STEP 1　空欄を埋め、時間軸をさかのぼって、相手の注意をより引きつけられるように書き換えましょう。

① The guy was initially very happy but later on he took his life.（その男は最初はとても幸福だったが、その後自ら命を絶った）

> **Question**　「彼は結局30歳で自ら命を絶った。彼が25歳のときにその女優と結婚したときには彼は絶頂にあったことを私は知っている」に。

The guy (　　　　) (　　　　　) taking his life at the age of thirty. I know that he was on top of (　　　　) (　　　　　) when he married that actress at twenty five.

Answers!　① ended up, the world

STEP 2 空欄を埋め、時間軸をさかのぼって、相手の注意をより引きつけられるように書き換えましょう。

① For the three reasons that I noted, I think that we should go ahead and buy the company out. (私の記した３つの理由によって、私はその会社を買収すべきと考える)

> **Question** 「私はこのままその会社を買収すべきと考える。それには３つの理由がある。第一に、ターゲットが我々と重なっている。すなわち、子どものいない三十代と四十代の女性だ」に。

I think that we should (　　　　) (　　　　) and buy the company out. I have three reasons. First, its (　　　　) (　　　　) overlaps with ours: women in their thirty's and forty's with no children.

Answers! ① go ahead, primary target

STEP 3

"Despite the terrible situation, I came home safely from the mountain. (ひどい状況にもかかわらず、私は山から無事に帰ってきた)" を、「時間軸をさかのぼる」のワザを使って、以下の日本文のように、相手の注意をより引きつけられる文に書き換えましょう。

> 「私は無事に帰ってきたが、最後の最後の瞬間まで、私は帰ってこられるか分からなった。完全に雪に覆われた山の中腹にある小屋に我々は滞在せねばならなかった。なぜなら、山頂から下る途中、吹雪のせいで一歩も進めなかったからである」

【Words】 最後の最後の瞬間まで　until the very last moment　　吹雪　snowstorm

| 解答例 |

I came home safely, but I didn't know if I could make it until the very last moment. We had to stay in a hut in the middle of a mountain that was completely covered with snow, because on the way down from the mountaintop, the snowstorm prevented us from going even one step forward.

CHAPTER 4　注意をひきつける

no.2 結起承転で語る

BEFORE

① I once broke up with her but I will marry her next week.
（私は一度彼女と別れたが、彼女と来週結婚する）

AFTER

② I will marry her next week. We had a big crush on each other when we first met. Then we dated for about three years, but I found out that she cheated on me, which naturally led us to break up. Having been separated for about half a year, we both realized how important each other's presence was.
（私は彼女と来週結婚する。私たちは最初に会ったときにお互いに一目ぼれした。それから3年間付き合った。しかし彼女が浮気をしていることを知り、当然のように別れに至った。半年ほど別れてみて、私たちはお互いの存在がどれほど大切かわかったのだ）

BEFORE　「別れた」→「しかし、来週結婚する」と、時系列に沿って順序よく語られている。
　↓
AFTER　「来週結婚する」という結末部分が先に語られ、そこに至る話が「起承転」と展開する。

CHAPTER 4　注意をひきつける

解説　no.1 の応用編がこれ。いわゆる「起承転結」に従わずに、まず結論・結末を言ってしまいます。これを言い切ってしまうことによって相手の理解を助けると同時に興味をひき、そこから話を紡いでいくというわけです。起承転結はストーリーテリングの基本と言われますが、結起承転はその上を行くテクニック。結末が分かっているからこそ、そこに至る話を聞く側は、「今のエピソードは結末にどう結びつくのだろう」と能動的に考えたり感じたりすることができるようになるのです。

> **テクニック 22**
> 起承転結の順序を入れ替え、結起承転にする。

囲みの例文①から②への書き換えは以下のメカニズムで行なわれます。

① I once broke up with her but I will marry her next week.
　⇨ これは事実なのだが、私が今味わっている感慨が伝わるとは思えない。
　⇨ 何が足りないのだろうか？
　⇨ もっとドラマチックに語れるはずだ。
　⇨ いっそのこと、結末から先に言ってはどうだろう？
　⇨ そして、そこに至る話を展開しよう。
　↓

② I will marry her next week. We had a big crush on each other when we first met. Then we dated for about three years, but I found out that she cheated on me, which naturally led us to break up. Having been separated for about half a year, we both realized how important each other's presence was.

では早速、練習問題で定着を図りましょう。

STEP 1 空欄を埋め、「結起承転」を使って、相手の注意をより引きつけられるように書き換えましょう。

① I used to enjoy working but I quit my job yesterday.（かつては働くのが楽しかったが、昨日私は仕事を辞めた）

> **Question** 「私は昨日仕事を辞めた。私は働くのが楽しかったし、ひとつを除いて何も問題はなかった。そのひとつとは、上司である。彼はあまりにも細かすぎた。一昨日、彼は私には見えさえしない埃が私の机の上にあるのが見えると言い、仕事場をきれいに保つように言い続けたのだ」に。

I quit my job yesterday. I enjoyed working and had no problem at work (　　　)(　　　　): my boss. He is way too picky. The day before yesterday, he told me that he saw some dust on my desk that I could not (　　　)(　　　　) and kept telling me that I should keep my (　　　)(　　　　) clean.

Answers! ① but one, even see, working space

STEP 2 空欄を埋め、時間軸をさかのぼって、相手の注意をより引きつけられるように書き換えましょう。

① Both my best friend and I passed entrance examinations but I don't feel too happy.
（私の親友と私は両方とも入学試験に合格したが、私はあまりいい気分ではない）

106

CHAPTER 4 注意をひきつける

Question　「私は入学試験に合格したが、あまりいい気分ではない。2日前に、私の親友が電話してきて、合格したと教えてくれた。私はおめでとうと言ったが心の底ではある意味嫉妬していた。その2、3日前に私は滑り止めに受けた別な入試に落ちたという通知を受け取っていたのである。それから私は入りたかった大学の入試に合格したという通知を受け取った。このようにして、私は複雑な気持ちになったのだ」に。

I passed the entrance examination but I don't feel too happy. A (　　　) days ago, my best friend called me to let me know that she passed. I said congratulations but deep down I was kind of (　　　). A few days before that, I had received a notice that I failed another entrance examination that I took just (　　　) (　　　). Then I received a notice that I passed the entrance examination of the college that I hoped to enter. That's how I got this mixed feelings.

Answers!　① couple, jealous, for backup

STEP 3

"I couldn't understand Japanese people first, but now I can. (私は日本の人々のことが最初は理解できなかったが、今はできる)" を、「結起承転」のワザを使って、以下の日本文のように、相手の注意をより引きつけられる文に書き換えましょう。

> 「日本は素晴らしい国だ。初めてここに来た時、私は日本の人々を理解するのが大変だった。なぜなら、彼らは本当の気持ちを多くの場合見せないからだ。しかし、日本の物事や慣習に慣れるにつれて、私はそのようにして彼らが相互にかかわるのだということが分かり、それは全く合理的で実践的であることに気づいた」

【Words】 多くの場合に　in many cases　　～に慣れる　get used to
　　　　　相互にかかわる　interact　　合理的な　rational　　実践的な　practical

解答例

Japan is a wonderful country. When I first came here, I had a hard time understanding Japanese people because they don't show true feelings in many cases. But as I get used to Japanese things and customs, I came to realize it was their way of interacting with each other and found it quite rational and practical.

CHAPTER 4　注意をひきつける

CHAPTER 4　注意をひきつける

no.3 類似点を示す

BEFORE
① Ken is my best friend.
（Ken は私の親友だ）

AFTER
② Ken to me is just like Wendy to you.
（私にとっての Ken はあなたにとっての Wendy のようなものだ）

BEFORE　「Ken は私の親友だ」という一般的な表現にとどまっている。
↓
AFTER　私にとっての Ken の存在を「あなたにとっての Wendy」になぞらえることによって、相手が実感と共感をしやすいようになっている。

解説　何かを伝えるとき、背骨となるのは「原因→結果」や「根拠→主張」のような構造となることが多く、だからこそこれらをきちんと伝えられるようになる必要がありますが、骨だけでは体はできません。肉、すなわち骨組を補強するツールも大切です。この「類似点を示す」もそのひとつ。とりわけ有効なのは、相手にとって身近なものや誰が聞いても分かるようなものとの類似性を示すこと。そうすれば、あなたの言っていることは相手にとってそれだけ自分事に近くなるわけです。

テクニック 23
類似点を示すことによって、相手の実感や共感を呼び起こす。

囲みの例文①から②への書き換えは以下のメカニズムで行なわれます。

① Ken is my best friend.
⇨「親友」という言葉だけでは、Ken が私にとってどれくらい大きな存在なのか相手にきちんと伝わらないかもしれない。
⇨ 相手にとって身近な人やもので、私にとっての Ken に類似するものはないだろうか。
⇨ 相手にも、Wendy という親友がいて、彼らはいつも一緒にいる。
⇨ Ken を Wendy になぞらえよう！
↓
② Ken to me is just like Wendy to you.

では早速、練習問題で定着を図りましょう。

STEP 1 空欄を埋め、類似点を示すことによって、相手の注意をより引きつけられるように書き換えましょう。

① Your opinion doesn't sound original. (あなたの意見は独自のものには聞こえない)

Question　「あなたの意見はあまりにも Campbell 博士のものに似て聞こえる」に。

Your opinion sounds (　　　) (　　　　) like Dr. Campbell's.

② Money should flow in the market. (貨幣は市場を流通すべきだ)

Question　「貨幣の機能は人体における血液に似ている」に。

The function of money is (　　　) (　　　　) that of blood in a human body.

③ The sound system of the Japanese language is simple. (日本語の音声体系は単純だ)

Question　「日本語とスペイン語の発音の類似には驚きだ」に。

The ( ) ( ) the pronunciation of Japanese and Spanish is striking.

> **Answers!**　① so much　② similar to　③ similarity between

STEP 2　空欄を埋め、類似点を示すことによって、相手の注意をより引きつけられるように書き換えましょう。

① British people have a custom of drinking hot tea.（イギリスの人々は熱い紅茶を飲む慣習がある）

> **Question**　「イギリスの人々は熱い紅茶を飲む慣習がある。同様に、アメリカ南部の人々は、習慣的にアイスティーを飲む」に。

British people have a custom of drinking hot tea. (　　　　), American southerners customarily drink iced tea.

② International tension is developing these days.（国際緊張がこのところ高まっている）

> **Question**　「このところの国際緊張は、国々が第2次世界大戦に巻き込まれた1930年代のものに似ている」に。

International tension today is so much like (　　　　) in the 1930's when countries got involved in the Second World War.

③ The Japanese put soy sauce on just about everything.（日本人は何にでも醤油をかける）

> **Question**　「日本人は何にでも醤油をかける。オランダ人はマヨネーズで同様のことをする。そしてアメリカ人が同様のことをケチャップでするのを私は見た」に。

The Japanese put soy sauce on just about everything. The Dutch do (　　　) (　　　　) thing with mayonnaise, and I saw many Americans do likewise with ketchup.

> Answers!　① Similarly　② that　③ the same

STEP 3

"My father was successful in business in the end.（私の父は結局仕事で成功した）" を、「類似点を示す」のワザを使って、以下の日本文のように、相手の注意をより引きつけられる文に書き換えましょう。

> 「あなたのおじいさんは、大部分は不景気のせいで会社が倒産し、一度全ての財産を失ったけれども、それからもう一度やり直し、3人の子供に家を一軒ずつ遺産として残したと聞きました。同様に、私の父は逆境をくぐり抜け、特に母と結婚して私が生まれた直後は大変でしたが、最終的にインターネットビジネスで成功しました」

【Words】財産　fortune　　倒産する　go bankrupt　　遺産　legacy　　逆境　adversities

解答例

I heard that your grandfather once lost all his fortune as he went bankrupt largely because of the economic recession, but then he started all over and left a house to each of his three children as his legacy. **Likewise**, my father went through adversities, especially right after he married my mother and had me as a baby, but he eventually succeeded with an online business.

CHAPTER 4　注意をひきつける

no.4 相違点を示す

BEFORE
① We are being consumed.
（我々は消費されている）

AFTER
② As we seem to consume things, we are not actually consuming. We are being consumed.
（我々が物を消費するように見えるとき、我々は実際には消費していない。我々は消費されている）

BEFORE　「我々は消費されている」という主張だけでは、唐突過ぎてイメージが湧かない。

↓

AFTER　「我々は実は消費していない」と「我々は消費されている」、すなわち「消費する」と「消費される」と対置することによって、ポイントが鮮明になっている。

解説　no.3の「類似点を示す」と並ぶのがこの「相違点を示す」。例えば、白に対する黒。男に対する女。光に対する影。太陽に対する月。陸に対する海…。こういうものを対置すると、それだけで目に浮かんでくるイメージがあります。しかも、対置するものがユニークであればあるほど、比較対照から見えてくるものがあればあるほど、それはあなたの個性を反映し、あなたの言っていることに相手の関心をぐいと引きつけることになるのです。

テクニック24
相違点を示すことによってポイントをより鮮明にする。

CHAPTER 4　注意をひきつける

囲みの例文①から②への書き換えは以下のメカニズムで行なわれます。

① We are being consumed.
⇨ これだけでは唐突過ぎて、ポイントが伝わらないのではないか。
⇨ 「消費されている」と対置できるものはないだろうか。
⇨ 正反対のものは、「消費している」だ。
⇨ これを活用して、「我々は実際には消費していない。我々は消費されている」と語ってみてはどうだろうか。
↓
② As we seem to consume things, we are not actually consuming. We are being consumed.

では早速、練習問題で定着を図りましょう。

STEP 1　空欄を埋め、相違点を示して、相手の注意をより引きつけられるように書き換えましょう。

① Talking about it is easy. （それについて話すのはたやすい）

Question　「それについて話すのと、それをするのは別物だ」に。

Talking about it is one thing. Doing it is (　　　).

② Men seem to be getting less and less aggressive. （男はどんどん攻撃的でなくなっているように見受けられる）

Question　「女がどんどん攻撃的になっていると言われている。対照的に、男はどんどん攻撃的でなくなっているように見受けられる」に。

It is said that women are getting more and more aggressive. (　　　　　)
(　　　), men seem to be getting less and less aggressive.

115

③ She is the mother of five children.（彼女は五児の母だ）

> **Question** 「一方では彼女は才能ある女優だ。もう一方では、彼女は五児の母だ」に。

On the one hand, she is a talented actress. On (　　　) (　　　) hand, she is the mother of five children.

> **Answers!** ① another ② By contrast ③ the other

STEP 2 空欄を埋め、相違点を示して、相手の注意をより引きつけられるように書き換えましょう。

① The house you just bought will make you lose money.（買ったばかりのその家のせいであなたは損をするだろう）

> **Question** 「資産と負債は正反対であり、あなたが買ったばかりの家は後者だ」に。

Assets and liabilities are (　　　) (　　　), and the house you just bought is the latter.

② Do you think you know what love is?（愛とは何であるかを自分が知っていると思いますか？）

> **Question** 「『愛する』と『好む』の間にははっきりした区別がある」に。

There is a (　　　) (　　　) between "love" and "like."

③ Cell phones have so many functions.（携帯電話にはとても多くの機能がある）

> **Question** 「それは携帯電話の機能を見るひとつの見方です。しかし、いわゆる集合的無意識を創造する装置とみなすこともできるとは思いませんか？」に。

That's (　　　) (　　　) to look at the function of cell phones. But don't you think it could also be seen as a device to create what's called collective unconsciousness?

CHAPTER 4　注意をひきつける

Answers!　① exact opposites　② clear distinction　③ one way

STEP 3

"I don't have much money while my roommate has.（私のルームメイトはお金を持っていますが、私はたくさんは持っていません）" を、「相違点」のワザを使って、以下の日本文のように、相手の注意をより引きつけられる文に書き換えましょう。

「私のルームメイトには彼が学校に居続けられるように何もかも面倒を見るお金持ちの父がおり、一方私は経済的な理由で大学院に行くのをあきらめた。勤勉は物を言わず、金が物を言うのだ。私の方がルームメイトよりもずっと勤勉だと、誰もが知っている。私の成績はもちろん彼のよりもはるかによい。アメリカは機会均等の国だと思っていたが、今やそれは間違いだったと私は思っている」

【Words】　大学院　graduate school　　経済的な理由　for financial reasons
　　　　　機会均等の国　a country of equal opportunity

解答例

I have given up on going to graduate school for financial reasons **while** my roommate has a rich dad who pays everything so he can stay in school. Money talks **while** diligence doesn't. Everybody knows I'm much more diligent than my roommate. My grades are far better than his, of course. I thought America was a country of equal opportunity but now I think I was wrong.

CHAPTER 4　注意をひきつける

no.5 数字を活用する

BEFORE
① My test score is high.
（私のテストの点数はいい）

AFTER
② My test score is 10% higher than last month.
（私のテストの点数は先月よりも10％高い）

BEFORE テストの点数がどれくらい良いのか不明瞭である。
↓
AFTER 「先月よりも10％高い」と数値が示されているので、テストの点数がどれくらい良いのか相手にはっきりと分かり、よりアピールする。

解説　テストの点数から売り上げまで、「数値に振り回されるな」と言われますが、それはまさに数値がそれほどアピールするからこそ。数値は客観性の高い情報なので、誤解の余地なくはっきりとイメージできる場合が多く、結果として相手に対する訴求力がとても高くなります。仕事上の資料やプレゼンテーションから日常の会話に至るまで、随所に数字を盛り込むと説得力が一気に増します。また、数字に強いという印象を相手に与えることがプラスに働きうるのも経験的事実。活用しましょう。

> **テクニック25**
> 数値を盛り込む。

囲みの例文①から②への書き換えは以下のメカニズムで行なわれます。

① My test score is high.
   ⇨ テストの点数がどれくらい良いのか不明瞭で、アピールしない気がする。
   ⇨ もっとはっきりと示そう。
   ⇨ テストの点数の伸びは数値化しやすいし、数字を盛り込もう！
   ↓
② My test score is 10% higher than last month.

では早速、練習問題で定着を図りましょう。

STEP 1 空欄を埋め、数値を盛り込んで、相手の注意をより引きつけられるように書き換えましょう。

① The population of the city is decreasing.（この市の人口は減っている）

   Question 「この市の人口は毎年 1% 減っている」に。

   The population of the city is decreasing (　　　　) 1% every year.

② The GDP of the United States is large.（アメリカの GDP は大きい）

   Question 「アメリカの GDP は日本の約 2 倍である」に。

   The GDP of the United States is about (　　　　) (　　　　) large as that of Japan.

③ Many Japanese people committed suicide that year.（多くの日本人が自殺した）

   Question 「2010 年には、31690 人の日本人が自殺した」に。

   Thirty one thousand six hundred ninety Japanese people committed suicide in (　　　　) (　　　　) 2010.

> **Answers!** ① by ② twice as ③ the year

STEP 2 空欄を埋め、数値を盛り込んで、相手の注意をより引きつけられるように書き換えましょう。

① We are good at incubating venture enterprises. (私たちはベンチャー企業を育てるのに長けている)

> **Question** 「この3年間で、我々は5つのベンチャー企業を東京株式市場に上場させた」に。

We have had five venture enterprises (　　　　) on the Tokyo Stock Exchange in the last three years.

② Many of our graduates go to prestigious colleges. (我が校の卒業生の多くが名門大学に進む)

> **Question** 「毎年、我が校の卒業生の3分の2以上が名門大学に進む」に。

More than (　　　　) of our graduates go to prestigious colleges every year.

③ All my clients succeed in losing weight. (私のお客様は全員減量に成功する)

> **Question** 「私のお客様は全員2週間ごとに少なくとも2パウンドは減量する」に。

All my clients lose (　　　　) (　　　　) two pounds every other week.

> **Answers!** ① listed ② two-thirds ③ at least

STEP 3

"The Internet is the most significant invention of the twentieth century. (インターネットは20世紀のもっとも重要な発明である)" を、「数値」のワザを使って、以下の日本文のように、相手の注意をより引きつけられる文に書き換えましょう。

> 「インターネットは、テレビのようなそれに先立つどの発明品よりも速いペースで改善されつつ、ますます普及している。インターネットの普及率は2011年に全世帯の4分の3を超え、多くの面で我々の生活様式を根本的に変え続けている。20世紀の最も重要な発明とみなしてよいだろう」

【Words】 先立つ発明品　previous inventions　　普及率　diffusion rate
　　　　　根本的に　radically

解答例

The Internet is becoming more and more popular with the pace of improvements coming much faster than any other previous inventions such as TV. **Its diffusion rate passed three quarters of all households** in the year 2011, and it has been radically changing our lifestyles in many ways. It can be seen as the most significant invention of the twentieth century.

CHAPTER 4　注意をひきつける

no.6 「書く相手」をはっきりさせる

> **BEFORE**
> ① Learning English is fun.
> 　（英語を学ぶことは楽しい）
>
> **AFTER**
> ② You will find it fun to learn English.
> 　（英語を学ぶことは楽しいとあなたは分かるでしょう）

BEFORE　「英語を学ぶことは楽しい」という一般論にとどまっている。
↓
AFTER　「あなたは分かるでしょう」と「あなた」を前面に出すことによってこのメッセージの対象が誰であるかがはっきりし、訴求力が増す。

解説　"Learning English is fun." のような一般論は、それだけ客観性は高いので、使い勝手の良い場面も当然あります。しかし、表現が一般的なものにとどまり過ぎてあなたのメッセージがそもそも誰に対してのものなのかがあいまいでは、あなたの言葉は誰に対してもしっかり届かないかもしれません。相手のはっきりしないメッセージは、聞き手や相手が「それは自分に対して向けられたものだ」と感じる可能性が著しく低いのです。そこで、ここにメスを入れ、誰に対してあなたがそれを言っているのかをはっきりさせます。

> **テクニック 26**
> 　そのメッセージが誰に対するものなのかをはっきりさせる

囲みの例文①から②への書き換えは以下のメカニズムで行なわれます。

① Learning English is fun.
   ⇨ 一般的すぎて、相手が自分事と思ってくれないかもしれない。
   ⇨ そもそも、これは相手に対して「英語は楽しいよ」「だからやってみない？」と言いたいからこそ発しているメッセージだ。
   ⇨ メッセージの向けられた対象を相手一人に絞り込み、you を前面に出そう！
   ↓
② You will find it fun to learn English.

では早速、練習問題で定着を図りましょう。

STEP 1 空欄を埋め、そのメッセージの対象をはっきりさせて、相手の注意をより引きつけられるように書き換えましょう。

① If you want to make money, read this book.（お金を稼ぎたければ、この本を読みなさい）

> **Question** 「株式市場でお金を損するのにうんざりしているのなら、この本を読みなさい」に。

If you are (　　　　)(　　　　　　) losing money in the stock market, read this book.

② You might be interested in this community support program.（このコミュニティ支援プログラムにあなたは興味があるかもしれません）

> **Question** 「子どものいない高齢者はこのコミュニティ支援プログラムに興味があるかもしれません」に。

(　　　　)(　　　　　　) with no children might be interested in this community support program.

③ I thank everybody around me. (私は周囲の全ての人に感謝します)

> **Question** 「もし亡き祖父にひとつだけ伝えられたら、それは『ありがとう』以外ないだろう」に。

If I could tell one thing to my (   ) (   ), that would be nothing but "thank you."

> **Answers!** ① tired of ② Senior citizens ③ dead grandfather

STEP 2 空欄を埋め、そのメッセージの対象をはっきりさせて、相手の注意をより引きつけられるように書き換えましょう。

① There is not a single child who hates studying at first. (最初から勉強するのが嫌いな子どもはひとりもいない)

> **Question** 「全ての教師と保護者は知るべきだ、最初から勉強するのが嫌いな子どもはひとりもいないと」に。

All (   ) (   ) (   ) should know that there is not a single child who hates studying at first.

② This franchise system is open to everybody. (このフランチャイズシステムは誰に対しても開かれている)

> **Question** 「このフランチャイズシステムは小さなビジネスとして自宅で英語を教えたい母親のために特に設計されている」に。

This franchise system is specifically designed for mothers who want to teach English at home as a (   ) (   ).

③ Anybody can join this event. (誰でもこのイベントに参加できる)

> **Question** 「来月我々が主催する予定のイベントに出演することに興味を持つ地元のアーティストを探している」に。

I'm looking for a (   ) (   ) who is interested in performing at the upcoming event that we are going to host next month.

CHAPTER 4　注意をひきつける

> **Answers!**　① teachers and parents　② small business
> ③ local artist

STEP 3

"Life is short.（人生は短い）" を、「メッセージの対象を絞り込む」のワザを使って、以下の日本文のように、相手の注意をより引きつけられる文に書き換えましょう。

> 「諸君、人生は短い。今日、君たちは若く、目は希望に満ちている。君たちは信じているかもしれない。自分の人生は偉大なる物事をなすように宿命づけられていると。しかし、あたりを見回してみなさい。君たちよりも年上の者たちも、かつて君たちと同じく若かったのだ。諸君、今を生きなさい。薔薇のつぼみを、集められるときに集めなさい。先延ばしにすればするほど、それを見つける可能性がそれだけ低くなるだろう」

【Words】　目は希望に満ちている　with your eyes filled with hope
　　　　　今を生きなさい　seize the day　　可能性がそれだけ低くなる　the less likely

解答例

Boys, life is short. Today, you are young with your eyes filled with hope. You may believe your life is destined for great things. But just look around. Those who are older than you used to be as young as you are. **Boys**, seize the day. Gather your rosebuds while you may. The longer you wait to begin, the less likely you are to find them at all.

CHAPTER 4　注意をひきつける

no.7 敢えて毒舌で書く

> **BEFORE**
> ① We made a terrible mistake.
> 　（我々はひどいミスをした）
>
> **AFTER**
> ② How stupid we are!
> 　（なんてバカなんだろう、我々は！）

BEFORE　「我々はひどいミスをした」という判断を伝えるにとどまっている。
↓
AFTER　「なんてバカなんだろう！」と敢えて毒舌で言うことによって、判断のみならず感情の動きも伝わってくる。

解説　テレビや雑誌など、いたるところに毒舌家へのニーズがあります。それは、何だかんだと言っても、面白いからではないでしょうか。加えて、毒舌には独特の深みや味わいもあります。上の囲みの例を見ても、「なんてバカなんだろう！」とまで言い切った方が、伝える側の顔が見えてくる気がしませんか。ただし、毒舌には、注意せねばならないことがひとつあります。それは、自分を埒外に置かないということ。自分も含めて「我々はバカだ！」と言うのならば共感を呼び起こし得ますが、「お前はバカだ！」と上から毒舌を振るっても同様の効果は期待できません。

> **テクニック 27**
> 　敢えて奔放に毒舌を振るう。ただし、自分を埒外に置かない。

CHAPTER 4 注意をひきつける

囲みの例文①から②への書き換えは以下のメカニズムで行なわれます。

① We made a terrible mistake.
   ⇨ これでは自分の言いたいことや感情までは伝わらないと感じる。
   ⇨ もっと思い切った表現はできないだろうか？
   ⇨ 自分たちのことを stupid と言い切ってはどうだろう？
   ⇨ しかも感嘆文で言えば、更にポイントが鮮明になるのでは？
   ↓
② How stupid we are!

では早速、練習問題で定着を図りましょう。

STEP 1 空欄を埋め、敢えて毒舌で語り、相手の注意をより引きつけられるように書き換えましょう。

① Our product is terrible.（我々の製品はひどい）

   Question 「現状のままの我々の製品を誰が欲しがるだろうか？」に。

   (　　　　) (　　　　　) our product as it is?

② It was a bad job.（それはひどい仕事だ）

   Question 「誰か一人でも、それをいい仕事と呼ぶと思いますか？」に。

   Do you think (　　　　) (　　　　) call it a good job?

③ Human civilization has negative aspects.（人類文明は否定的な側面を持つ）

   Question 「周囲を見回して、あれやこれやの環境破壊を見なさい。それでもなお、人類文明は否定的な側面よりも多くの肯定的な側面を持つとあなたは言うのだろうか？」に。

   Just look around and see all the environmental disruptions. Would you (　　　　) (　　　　　) that human civilization has more positive aspects than negative ones?

127

> **Answers!**　① Who wants　② anybody would　③ still say

STEP 2　空欄を埋め、敢えて毒舌で語り、相手の注意をより引きつけられるように書き換えましょう。

① We should have been more careful.（我々はもっと注意深くあるべきだった）

> **Question**　「我々は何を考えていたのだろうか？」に。

(　　　) (　　　　　) we thinking?

② We were careless not to pay attention to the negative side of the data.（我々は、注意が足りないことに、そのデータの否定的な側面に目を向けなかった）

> **Question**　「そのデータの否定的な側面に目を向けなかったとは、我々はなんと注意が足りないのだろうか！」に。

(　　　) (　　　　) we were not to pay attention to the negative side of the data!

③ We did an awful job.（我々はひどい仕事をした）

> **Question**　「子どもでも今回の我々よりもましな仕事をするだろう」に。

(　　　) (　　　　) would do better than we did this time.

> **Answers!**　① What were　② How careless　③ A child

CHAPTER 4　注意をひきつける

STEP 3

"We are not functioning as a team. (我々はチームとして機能していない)" を、「毒舌」のワザを使って、以下の日本文のように、相手の注意をより引きつけられる文に書き換えましょう。

> 「期限内に物事を終わらせることができず、しかも誰もそれを気にしていないようであるとは、我々はなんとひどいチームだろうか！ チームというものは、リーダーと同じレベルにしか良くはならない。それがチームというものであり、我々のチームのリーダーは私である。だから、私は自分のリーダーシップと我々のチームワークを向上させるために自分にできることは全てするし、まさに今この瞬間それを始める。諸君全員が我々の目的に献身してくれることを期待する」

【Words】　間に合うように　in time　　まさに今この瞬間に　at this very moment
　　　　　目的　cause

解答例

What a lousy team we are to be unable to get things done in time and that nobody seems to care! A team can be only so good as its leader. That's how a team is, and the leader of our team is me. So I will do everything I can to improve my leadership and our teamwork, starting at this very moment. I expect all of you to be committed to our cause.

CHAPTER 4　注意をひきつける

no.8 サプライズ ─驚きの要素を入れる

> **BEFORE**
> ① I passed the math exam.
> （私はその数学の試験に合格した）
>
> **AFTER**
> ② I didn't do well on the math exam. But I passed.
> （その数学の試験はうまく行かなかった。しかし、私は合格した）

BEFORE　「私がその数学の試験に合格した」という事実が述べられているにすぎない。

↓

AFTER　「うまく行かなかった→しかし合格した」という「ひねり」が入ることで、サプライズの要素が加わっている。

解説　映画や小説のような物語が作品へと注意を引きつけ続ける手段として特に有効なもののひとつが、この「サプライズ」。人は退屈すると注意が散漫になりますから、随所に驚きの要素を入れることによって、退屈を防ぐわけです。多くの場合、それは「予期せぬもの」を投入することによって達成されます。サプライズパーティという言葉があるように、驚きは本質的にワクワクする何かを秘めています。相手を驚かせたり、相手の想像を超えたり、存分に楽しみましょう。

> **テクニック 28**
> サプライズを盛り込んで退屈を解消し、相手の注意をひきつける。

囲みの例文①から②への書き換えは以下のメカニズムで行なわれます。

① I passed the math exam.
　⇨ 合格の単なる報告では面白みがないと感じる。
　⇨ そこにドラマはないだろうか？
　⇨ 「試験が実はうまく行かなかった」ということを思い出す。
　⇨ これを伏線にすれば、合格は驚きになるのでは？
　⇨ これをサプライズの要素として盛り込もう！
　　↓
② I didn't do well on the math exam. But I passed.

では早速、練習問題で定着を図りましょう。

STEP 1 空欄を埋め、サプライズを盛り込んで、相手の注意をより引きつけられるように書き換えましょう。

① The owner of the restaurant is my father's best friend.（そのレストランのオーナーは私の父の親友だ）

> **Question** 「先日我々が話していた繁華街の新しいイタリア料理店で私は昼食を食べていた。食事、特にピザはおいしかった。そして、誰がオーナーだったと思う？ 私の父の親友だ」に。

I was having lunch at the new Italian restaurant downtown that we talked about (　　　) (　　　) day. The food was good, especially the pizza. And (　　　) (　　　) the owner was? My father's best friend.

Answers!　① the other, guess who

STEP 2 空欄を埋め、サプライズを盛り込んで、相手の注意をより引きつけられるように書き換えましょう。

① We will deliver it in time. (我々はそれを間に合うように届けます)

> **Question** 「先日メールしたように、あなた用にカスタマイズされたこのコンピュータープログラムからバグを取り除くのにしばらくかかりましたが、問題は解決され、全て順調に進んでいます。我々は最後のチェックの段階に入っており、ご指定の期日の2日前に配達するのを目指しています」に。

As I emailed the other day, it took us awhile to (　　　) (　　　) of the bugs from the computer program customized for you, but the problem has been solved and things are all (　　　) (　　　). We are into the phase of final checking, and are (　　　) (　　　) delivering it a couple days before the designated date.

Answers! ① get rid, going well, shooting for

STEP 3

"Mr. Anderson was a great teacher. (Andersonさんは素晴らしい先生だった)" を、「サプライズ」のワザを使って、以下の日本文のように、相手の注意をより引きつけられる文に書き換えましょう。

> 「Anderson先生は厳しい先生だった。我々が間違ったことをすると、彼は、罰せずに我々を放免することは絶対になかった。何回かは覚えていないが、彼はおそらく10回以上私の尻を叩いた。誰もが彼を嫌った。私もだ。しかし、ある日、私が交通事故に巻き込まれて入院したとき、私の両親以外で私が大丈夫であることを確かめにやってきた最初の人は彼だった」

[Words] 厳しい先生　rigorous teacher　　間違ったこと　wrongdoings
入院する　get hospitalized

| 解答例 |

Mr. Anderson was a rigorous teacher. He would never let us go unpunished for our wrongdoings. I don't remember how many times, but he probably spanked me more than ten times. Everybody hated him. So did I. But one day, when I was involved in a traffic accident and got hospitalized, he was the first person other than my parents who came to make sure I was okay.

CHAPTER 4　注意をひきつける

no.9 サスペンス——期待と裏切り

BEFORE

① The man had no face.
（その男は顔がなかった）

AFTER

② It was dark and quiet in the room. I heard someone coming up from behind. Then, he stopped. I slowly turned back. The man had no face.
（その部屋は暗くて静かだった。誰かが背後から近づいてくるのが聞こえた。そして彼は止まった。私はゆっくりと振り向いた。その男は顔がなかった）

BEFORE　「その男は顔がなかった」という衝撃を十分に伝えきれていない。
↓
AFTER　部屋の暗さや静けさから始めて読者の期待を形成してサスペンス感をあおり、最終的に「その男は顔がなかった」という衝撃へとつなげている。

解説　サプライズと同様かそれ以上に効果的なのが、この「サスペンス」。これは伏線を張ることによって相手の心の中に期待を形成し、それを満たしたり裏切ったりするという高度なテクニックです。例えば、映画を観ていて、ある男が駅のホームのベンチの下にスーツケースを置き去りにしていったとします。しかも、そのスーツケースからはコチコチというタイマーの音が聞こえてきます。にもかかわらず、あたりにいる人は誰ひとり気づきません。「爆弾だ！」「誰か、早く何とかしろ！」と思いますよね。この感覚がサスペンスです。最終的に爆弾が爆発すれば期待が満たされたことになりますし、単なるいたずらだったことが分かれば期待が裏切られたことになります。どちらに転んでも面白いのが、サスペンスの優れたところです。

テクニック 29
サスペンスを盛り込んで期待を形成し、それを満たしたり裏切ったりする。

囲みの例文①から②への書き換えは以下のメカニズムで行なわれます。

① The man had no face.
⇨ その男の顔がないことは大きな驚きのはずなのに、衝撃を十分に伝えきれていない気がする。
⇨ どうすれば、伝えきれるだろうか。
⇨ 何を伏線にすれば、「何かがおかしい」と感じるだろうか？
⇨ 部屋の雰囲気を描写してはどうか？
⇨ それによって相手をハラハラドキドキさせ続け、「その男の顔がない！」という衝撃の瞬間へと連れて行こう！
↓
② It was dark and quiet in the room. I heard someone coming up from behind. Then, he stopped. I slowly turned back. The man had no face.

では早速、練習問題で定着を図りましょう。

STEP 1 空欄を埋め、サスペンスを盛り込んで、相手の注意をより引きつけられるように書き換えましょう。

① I failed the English exam.（私はその英語の試験に落ちた）

Question	「私は寝過ごした。なぜなら、どういうわけか、目覚まし時計が鳴らなかったのだ。それで私は朝食を摂る時間がなかった。私は学校の制服を着て、そしてまさに学校に行くところだった。クラスが始まるまで、まだ15分あったし、それだけあれば十分に間に合うはずだった。ところが、靴ひもを結ぼうとして引っ張ったところ、一本がぶつっと切れた。そんなわけで私は結局その英語の試験に遅れ、落ちた」に。

I overslept because, for some reason, my (   ) (   ) didn't ring. So I didn't have time to eat breakfast. I put on my (   ) (   ) and was about to leave for school. I still had fifteen minutes before the class started, which was just enough for me to make it on time. But as I pulled my shoestrings to tie them, one of them (   ) (   ). That's how I ended up being late for the English exam and failing.

Answers! ① alarm clock, school uniform, snapped off

STEP 2 空欄を埋め、サスペンスを盛り込んで、相手の注意をより引きつけられるように書き換えましょう。

① A bomb went off at the cafeteria.（爆弾がそのカフェテリアで爆発した）

Question　「そのカフェテリアで、私はひとりで昼食を摂っていた。そして、ある男がテーブルの下に何かを置き去りにするのを見かけた。食事を済ませて駅に行く途中、何かが爆発するのが背後から聞こえた。私は振り返り、煙がそのカフェテリアから立ち上るのが見えた。私には彼がやったのだと分かった」に。

I was having lunch by myself at the cafeteria and I saw a guy (   ) (   ) under the table. On the way to the station after I finished the meal, I heard something (   ) (   ) from behind. I turned back and saw smoke (   ) (   ) from the cafeteria. I knew he was responsible.

Answers! ① leaving something, blowing up, rising up

CHAPTER 4 注意をひきつける

STEP 3

"I had a nice birthday party yesterday. (昨日、私は素晴らしい誕生パーティを楽しんだ)" を、「サスペンス」のワザを使って、以下の日本文のように、相手の注意をより引きつけられる文に書き換えましょう。

> 「誰もが普段と違った感じだった。私が彼女にその夕方はどうするつもりかと尋ねたとき、Meg は『分からない』以外何も言わなかった。その日は私の誕生日だったが、誰も私に『誕生日おめでとう』と言わなかった。私は3人の他の友人に同じ質問をしたが、リアクションは全て同じで、冷たい感じだった。それから私は家に帰ったのだが、何を見つけたと思う？ 私の近しい友人がみんな、サプライズパーティをするために、私の帰ってくるのを待っていてくれたのだ」

【Words】冷たい感じの　sort of unfriendly

解答例

Everybody acted so differently from usual. Meg said nothing but "I don't know" when I asked about her plans that evening. Even though it was my birthday, nobody said happy birthday to me. I asked the same question to three other friends, but the reaction was all the same and sort of unfriendly. Then I went home and guess what I found? All my close friends were waiting for me to come home to throw a surprise party.

CHAPTER 4　注意をひきつける

no.10 一人称で書く──「私」を前面に出す

BEFORE
① It's interesting.
（それは面白い）

AFTER
② I like it.
（私はそれが気に入った）

BEFORE it が主語であり、「それは面白い」という評価である。

↓

AFTER I が主語であり、「『私は』それが気に入った」という主体性の強い発言である。

解説　主語の使い分けはとても重要なので、ここからの4項で続けてカバーします。まずは一人称、すなわち I や we を主語にするパターンから。これが全ての基本です。なぜなら、私は私だからです。I を主語にして、自分の考えや思いをまっすぐ相手にぶつける。あるいは、自分の経験について語る。そうすることによって、「私」は矢面に立つことになり、リスクを負うことにもなるのですが、そうするだけの価値は十分にあります。なぜならば、あなたの顔がそれだけはっきりと見えるからです。まずはここから始めましょう。

テクニック30
I を主語にして、「私」を前面に出す。

囲みの例文①から②への書き換えは以下のメカニズムで行なわれます。

① It's interesting.
⇨ 悪くはないが、私の顔がどこまで見えるだろうか？
⇨ 「『私』がそれを面白いと思っているのだ」ときちんと伝えたい。
⇨ I を主語にしよう！
　↓
② I like it.

では早速、練習問題で定着を図りましょう。

STEP 1 空欄を埋め、「私」を主語にして、相手の注意をより引きつけられるように書き換えましょう。

① It's worth the risk.（それはリスクを負う価値がある）

　Question 「私は、それはリスクを負う価値があると思う」に。

　（　　　　）（　　　　）it's worth the risk.

② Taking the offer is not a good idea.（そのオファーを受け入れるのはいい考えではない）

　Question 「私があなただったら、そのオファーを受け入れないだろう」に。

　（　　　　）（　　　　）not take the offer if I were you.

③ It may not work.（それはうまく行かないかもしれない）

　Question 「残念ですが、それはうまく行かないかもしれないと思います」に。

　（　　　　）（　　　　）it may not work.

> **Answers!** ① I think ② I would ③ I'm afraid

STEP 2 空欄を埋め、「私」を主語にして、相手の注意をより引きつけられるように書き換えましょう。

① He is not an evil person.（彼は邪悪な人間ではない）

> **Question** 「彼が邪悪な人間であるとまでは、私は言わない」に。

(　　　)(　　　) go so far as to call him an evil person.

② It is not time yet.（まだその時ではない）

> **Question** 「新しい支店長を探す時だとは、私はまだ思わない」に。

(　　　)(　　　) think it's time yet for us to look for a new branch manager.

③ Why don't you investigate in and around the crime scene?（なぜその犯行現場の中と周囲を調査しないのか？）

> **Question** 「私なら、その犯行現場の中と周囲の徹底調査から始めます」に。

(　　　)(　　　) start with a thorough investigation in and around the crime scene.

> **Answers!** ① I wouldn't ② I don't ③ I would

CHAPTER 4 注意をひきつける

STEP 3

"You have a point.（あなたの意見にはもっともな点がある）" を、「私」のワザを使って、以下の日本文のように、相手の注意をより引きつけられる文に書き換えましょう。

> 「死刑についてのあなたの意見に私は大部分賛成するが、留保することがある。人間の命がとても貴重であり、それを守るためにできることは全てすべきだというのは分かるし、賛成だ。しかし、それが世界中の他のどんなものよりも貴重であるとあなたが考えるのはどうしてなのだろうか？」

【Words】 死刑　the death penalty　　大部分は　for the most part
　　　　 留保　reservations

解答例

I agree with your opinions on the death penalty for the most part but I have some reservations. **I understand** that a human life is very precious and we must do everything we can to protect it, and **I agree**. But what makes you think that it's more precious than anything else in the world?

CHAPTER 4　注意をひきつける

no.11 二人称で書く──相手に向かってダイレクトにアピールする

> **BEFORE**
> ① I recommend this book.
> 　（私はこの本を推薦する）
>
> **AFTER**
> ② You may want to read this book.
> 　（あなたはこの本を読みたいかもしれません）

BEFORE　I が主語なので、「私」が前面に出ている。
↓
AFTER　you が主語なので、「あなた」が前面に出ており、より相手にダイレクトにアピールしたり、相手を尊重しているニュアンスを醸し出したりすることができる。

解説　すぐ前の no.10 では「私を前面に出すことが基本」と言いましたが、現実はそればかりで対処できるわけではもちろんありません。時と場合に応じて表現を使い分けることが大切です。例えば、囲みの例の場合。本を推薦したいという状況です。I を主語にして「『私』は推薦します」とするのももちろん一法ですが、そもそも相手に対して推薦したいのであり、相手に読んでほしいのですから、むしろ you を主語にしてはどうかと考えるわけです。このように目的に沿って発想するのは、適切な表現を選ぶ原則です。

> **テクニック 31**
> 　you を主語にして相手を前面に出し、ダイレクトにアピールする

囲みの例文①から②への書き換えは以下のメカニズムで行なわれます。

① I recommend this book.
⇨ I が主語なので、「私」が前面に出ているのはよいが、相手にどこまで伝わるだろうか？
⇨ 本を読んでほしい相手は「あなた」なのだから、これを前面に出すべきではないか？
⇨ you を主語にしてみよう！
↓
② You may want to read this book.

では早速、練習問題で定着を図りましょう。

STEP 1 空欄を埋め、「あなた」を主語にして、相手の注意をより引きつけられるように書き換えましょう。

① Everybody has to enter the real world. (誰もが厳しい世間に踏み込まねばならない)

Question 「遅かれ早かれ、あなたは厳しい世間に踏み込まねばならない」に。

(　　　　) (　　　　　　) have to enter the real world sooner or later.

② I need help. (私は助けが必要だ)

Question 「この課題を手伝ってくれませんか？」に。

(　　　　) (　　　　　　) help me with this assignment?

③ I'm asking you as an old friend. (私はお前に旧友として頼んでいるんだ)

Question 「お前に頼んでいるのは旧友なんだぞ」に。

(　　　　) (　　　　　　) being asked by an old friend.

143

> **Answers!** ① You will ② Will you ③ You are

STEP 2 空欄を埋め、「あなた」を主語にして、相手の注意をより引きつけられるように書き換えましょう。

① Life is hard.（人生は大変だ）

> **Question** 「あなたは人生がいかに大変か思い知るだろう」に。

(   ) (   ) know how hard life is.

② The gas could damage your property.（そのガスはあなたの財産を損傷しうる）

> **Question** 「あなたの財産はその工場から排出されている有毒ガスによって損傷させられうる」に。

Your property (   ) (   ) damaged by the poisonous gas emitting from the factory.

③ I wouldn't buy that equipment.（私ならばその機材は買わないだろう）

> **Question** 「もしあなたが個人的に代金を支払わねばならないならば、あなたはその機材を買うでしょうか？」に。

(   ) (   ) buy that equipment if you had to personally pay for it?

> **Answers!** ① You will ② could be ③ Would you

CHAPTER 4　注意をひきつける

STEP 3

"This schedule won't work.（このスケジュールはうまく行かないだろう）" を、「あなた」のワザを使って、以下の日本文のように、相手の注意をより引きつけられる文に書き換えましょう。

> 「私は、6ヶ月後に市場に出す新製品のための計画と仕事スケジュールを読み通しました。全体的にはいい感じですが、スケジュールは、私には少々忙しすぎるように見受けられました。それは、我々の下請け業者が昨日午後にメールしてきたものと本当に両立できると思いますか？」

【Words】　市場に出す　release　　全体的には　as a whole
　　　　　忙しい　hectic　　両立できる　compatible　　下請け業者　subcontractor

解答例

I read through the plan and the working schedule for the new product we are going to release in six months. It looks good as a whole, but the schedule seems to me a little too hectic. **Are you sure** it is compatible with the one that our subcontractor emailed us yesterday afternoon?

CHAPTER 4　注意をひきつける

no.12 三人称で書く①―Iの多用を避ける

BEFORE
① I don't like this tea.
（私はこのお茶が気に入らない）

AFTER
② This tea might not be fresh.
（このお茶はいれたてでないかもしれない）

BEFORE　Iが主語なので、「私」が前面に出ている。
↓
AFTER　this tea が主語なので、より客観性が高い印象を与えることができる。

解説　一人称、二人称と来て、いよいよ最後は三人称、つまり「私」でも「あなた」でもないものを主語にする場合です。繰り返しになりますが、私が私である以上、「私」を主語にして前面に出すのが原則です。しかし、ともすれば、それでは自己主張が過ぎてよくない印象を与えてしまったり、話をこじれさせる結果になってしまったりすることもあり得ます。そんなときにはむしろ、一歩下がって主語を三人称に替え、より客観性の高い印象を与えるよう試みることができます。

テクニック 32
三人称の主語を立て、より客観性の高い印象を与える。

CHAPTER 4　注意をひきつける

囲みの例文①から②への書き換えは以下のメカニズムで行なわれます。

① I don't like this tea.
　⇨「私」が前面に出すぎて、「私、このお茶嫌い！」と言っているかのように受け取られはしないだろうか？
　⇨ もう少し穏やかで客観性の高い表現にしよう。
　⇨ 主語を I ではなく、他のものに替えてはどうか？
　⇨ this tea を主語にしよう！
　　↓
② This tea might not be fresh.

では早速、練習問題で定着を図りましょう。

STEP 1　空欄を埋め、三人称の主語を使って、より客観性の高い表現に書き換えましょう。

① What a mistake you made!（なんとひどいミスをあなたはしたのだろうか！）

Question　「もっとも賢い者ですらミスをする」に。

Even (　　　) (　　　　) makes a mistake.

② I recommend this book.（私はこの本を推薦する）

Question　「いい本は時間をとって読む価値がある」に。

A (　　　) (　　　　) is worth taking time to read.

③ I think you should be a little more persistent.（あなたはもう少し根気強くあるべきだと思う）

Question　「成功に不可欠なのは、やり抜くことだ」に。

What's (　　　　) to success is persistence.

> **Answers!** ① the wisest ② good book ③ essential

STEP 2　空欄を埋め、三人称の主語を使って、より客観性の高い表現に書き換えましょう。

① I don't really admire patriotism.（私は愛国心をさほど讃えない）

　Question　「愛国心は美徳のひとつかもしれないが、危険にもなりうる」に。

　Patriotism (　　　) (　　　　) a virtue but it can also be dangerous.

② I think I can write a good paper quite easily.（私はいいレポートを全くたやすく書くことができると思う）

　Question　「いいレポートを書くことは、あなたが思うほど難しくない」に。

　Writing a good paper is not (　　　) (　　　　) as you may think.

③ I can't say I always kept the promises that I made.（私は、自分のした約束をいつも果たしたとは言えない）

　Question　「約束をするのは簡単だが、果たすのはそうではない」に。

　(　　　　) a promise is easy, but (　　　　) it is not.

> **Answers!** ① may be ② as difficult ③ Making, keeping

STEP 3

"I don't see time-saving tools as entirely good. (時間を節約する道具が完全に良いとは思わない)" を、「三人称」のワザを使って、以下の日本文のように、より客観性の高い表現に書き換えましょう。

> 「車や飛行機やコンピューターやインターネットや携帯電話のような、時間を節約する道具はよくない面を持つかもしれない。厳密に言えば、時間を節約することは不可能だ。それは単に我々がある営みを加速させてより素早く終わらせるに過ぎず、しかし同時に無意味だとか副次的だとみなされて無視される実にたくさんの物事があるのだ」

【Words】 時間を節約する道具　time-saving tools　　よくない面　negative aspect
厳密に言えば　strictly speaking　　加速させる　accelerate
無意味な　insignificant　　副次的な　secondary

解答例

All the time-saving tools such as cars, airplanes, computers, the Internet, and cell phones might have a negative aspect. Strictly speaking, **saving time** is impossible. It's just that we accelerate certain activities and get them done more quickly, but at the same time there are so many other things ignored as insignificant or secondary.

CHAPTER 4　注意をひきつける

no.13 三人称で書く② ─ パラレルアクション

BEFORE

① The detective chases the suspect.
（その刑事はその容疑者を追跡する）

AFTER

② The suspect dashes away. The detective chases. The distance between them is less than one hundred meters. The suspect trips over something. The detective runs at him.
（容疑者は一目散に逃げる。刑事は追跡する。彼らの距離は100メートル以下だ。容疑者が何かに躓く。刑事は彼めがけて走る）

BEFORE　「刑事が容疑者を追跡する」と要約してあるにすぎない。
↓
AFTER　容疑者と刑事が交互に主語になるため、同時進行でドラマが進んでいるリアルな感じがする。

解説　締めくくりに、三人称主語の応用編を。これの最大の利点は、「私」と「あなた」以外ならば何でも主語になれるということ。これを生かせば、AとBが同時進行していることをコントラストして関連づけ、よりリアルで、しかもあなたの伝えたいポイントが鮮明になるような書き方ができるようになります。このような同時進行のことをパラレルアクションと呼び、映画ではおなじみのテクニックですが、作文にも使えます。

> **テクニック 33**
> パラレルアクションによってコントラストする。

CHAPTER 4 　注意をひきつける

囲みの例文①から②への書き換えは以下のメカニズムで行なわれます。

① The detective chases the suspect.
⇨「刑事が容疑者を追跡する」という要約だけでは味気ないと感じる。
⇨ 追跡の緊迫感を出したい。
⇨ 容疑者と刑事を交互に見せてはどうか？
⇨ 主語を「刑事→容疑者→刑事」とどんどん入れ替えてパラレルアクションにしよう！
↓
② The suspect dashes away. The detective chases. The distance between them is less than one hundred meters. The suspect trips over something. The detective runs at him.

では早速、練習問題で定着を図りましょう。

STEP 1　空欄を埋め、パラレルアクションを使って、相手の注意をより引きつけられるように書き換えましょう。

① The son doesn't know what he is talking about.（その息子は、自分が何を言っているか分かっていない）

| Question | 「その息子は自分の父親について親友に不平を言っている。父親はいつも通りに一所懸命働いている。彼は鍛冶屋である。父親は自分のことを敬意を込めて扱ってくれないと息子は言う。父親は顔から汗を拭い、働き続ける」に。 |

The son is (　　　　) to his best friend about his father. The father is working hard (　　　) (　　　　). He is a blacksmith. The son says that his father doesn't treat him with respect. The father (　　　　) sweat off his face and continues working.

Answers!　① complaining, as always, wipes

STEP 2　空欄を埋め、パラレルアクションを使って、相手の注意をより引きつけられるように書き換えましょう。

① Ronald doesn't know what's going on with his wife. (Ronald は彼の妻に何が起きているか知らない)

> **Question**　「Ronald は家に帰る途中である。彼の妻は強盗に脅されている。自分の妻に何が起きているかも知らず、彼はラジオから流れてくる音楽を楽しんでいる。強盗は彼女の腹を殴りつける」に。

Ronald is on (　　　) (　　　) home. His wife is threatened by a robber. He is enjoying the music from the radio, not having (　　　) (　　　) to what's (　　　) (　　　) with his wife. The robber hits her in the stomach.

Answers!　① the way, a clue, going on

STEP 3

"The girl doesn't know what's coming. (その少女は何が次に起こるか知らない)" を、「パラレルアクション」のワザを使って、以下の日本文のように、相手の注意をより引きつけられる文に書き換えましょう。

> 「ボーイフレンドが来るのを待って、ある少女が公園のベンチに座っている。ボーイフレンドは既に彼女のうしろにいるが、彼女の背中を見ながらそこに留まっている。その少女はポケットから携帯電話を引っ張り出し、ほほえみを浮かべて何かを見る。彼女は彼と撮った写真のいくつかをばらばらと見ている。彼は深くため息をつき、心を決めて彼女の方へと歩く」

【Words】　ばらばらと見る　flip through　　ため息をつく　sigh
　　　　　心を決める　make up one's mind

| 解答例 |

A girl is sitting on a bench in a park, waiting for her boyfriend to come. The boyfriend is already behind her, but stays there looking at her back. The girl pulls her cell phone out of her pocket and looks at something with a smile. She's flipping through some of the photos she took with him. He sighs deeply, makes up his mind and walks to her.

CHAPTER 5

クリエイティブさを
アピールする

CHAPTER 5　クリエイティブさをアピールする

no.1 発想力① ― 常識の逆を行く

BEFORE
① You should watch your weight.
（あなたは自分の体重を気にするべきだ）

AFTER
② Gaining weight is healthy because then you will be compelled to watch your diet and that will help you stay healthy.
（体重が増えるのは健康だ。なぜなら、そうなればあなたは食事に気をつけるよう追い込まれ、それは健康であり続ける助けになるからだ）

BEFORE　「あなたは自分の体重を気にするべき」は常識的なコメントの範疇。
↓
AFTER　「体重が増えるのは健康だ」と敢えて常識の逆を行っており、個性とクリエイティブさがアピールされる。

解説　このチャプターでは、クリエイティブな発想とその表現に焦点を当てます。まずは、最も取り組みやすいものから。それは、「常識の逆」。常識は既に存在するわけですからとてもイメージしやすく、その逆を行きさえすればよいわけです。何でもかんでも常識の逆を行こうとするのは単なるあまのじゃくであり、むしろ疎んじられる結果にもなりかねませんが、ちょっと立ち止まって常識をいったん疑い、その逆を行ってみるのはそれ自体が愉快で、相手にとっても刺激的なことです。楽しみましょう。

テクニック34
敢えて常識の逆を行く。

囲みの例文①から②への書き換えは以下のメカニズムで行なわれます。

① You should watch your weight.
⇨ 体重が増えた人に対して「体重を気にするべき」とは、ちょっと常識的すぎるのではないだろうか？
⇨ ならばむしろ、常識の逆を行こう。
⇨ 常識では、「体重増加はよくないこと」。
⇨ 「体重増加はいいことだ」と言い切ってみてはどうか？
↓
② Gaining weight is healthy because then you will be compelled to watch your diet and that will help you stay healthy.

では早速、練習問題で定着を図りましょう。

STEP 1 空欄を埋め、常識の逆を行くことによって、クリエイティブさをよりアピールする文に書き換えましょう。

① You should be diligent.（あなたは勤勉であるべきだ）

> **Question**　「勤勉さはあなたを助けないだろう。それどころか、それはあなたを結局ダメにするだろう。そもそも人生の目的は何だろうか？楽しみ、幸せになることであり、それは一所懸命働くことからは遠いのだ」に。

Diligence will not help you. On the (　　　　), it will end up (　　　　) (　　　　). What is the purpose of life in the first place? Having fun and being happy which are (　　　　) (　　　　) hard work.

> **Answers!** ① contrary, killing you, far from

STEP 2 空欄を埋め、常識の逆を行くことによって、クリエイティブさをよりアピールする文に書き換えましょう。

① Don't let your child watch TV all the time. (子どもには四六時中テレビを見せるな)

> **Question** 「あなたの子どもに四六時中テレビを見せるのは教育的だ。そのようにして、いい実例のみならず悪い実例からいかに自分自身を教育するかを子どもは学ぶだろう」に。

Letting your child watch TV all (　　　) (　　　) is educational. That way, he will learn how to (　　　) (　　　) from (　　　) (　　　) as well as good ones.

> **Answers!** ① the time, educate himself, bad examples

STEP 3

"Love is the best thing in the world (愛は世界で一番いいものだ)." を、「常識の逆」のワザを使って、以下の日本文のように、クリエイティブさをよりアピールする文に書き換えましょう。

> 「愛は世界で一番悪いものだ。それはあなたのまわりの物事や人々への様々な執着を不可避的に伴い、結局耐えられない痛みとなる。なぜなら、遅かれ早かれあなたはそれらを失うからだ。更に悪いことに、愛はしばしば憎悪に至る。嫉妬は愛よりもずっと長く続くと聞いたことはないだろうか？」

【Words】 不可避的に inevitably　　執着 attachment
　　　　　　耐えられない痛み unbearable pain

CHAPTER 5 クリエイティブさをアピールする

解答例

Love is the worst thing in the world. It inevitably involves various kinds of attachment to things and people around you, and that ends in unbearable pain because you will lose them sooner or later. What's worse, love often leads to hatred. Haven't you heard that jealousy lasts much longer than love?

CHAPTER 5　クリエイティブさをアピールする

no.2 発想力② ― 離れたものを結びつける

> **BEFORE**
> ① Life is unpredictable.
> 　（人生は先が読めない）
>
> **AFTER**
> ② Life is like a box of chocolates. You never know what you're going to get.
> 　（人生は箱入りのチョコレートだ。何を得ることになるかは、決して分からない）

BEFORE　「人生は先が読めない」という一般論を出ない。
↓
AFTER　「人生」と「箱入りのチョコレート」という一見結びつかないものを結びつけることによって、個性とクリエイティブさがよりアピールされている。

解説　上の囲みの例文は、映画 "Forrest Gump" のあまりにも有名な一節です。この映画を語るとき、実に多くの人がこのセリフを引用し、「まさにその通りだ」とコメントしたものです。つまり、それほどこのたとえ（チャプター2で学んだ「直喩」ですね）は人々の心に響いたのです。重要なのは、人生は様々なものにたとえられうるということ。そして、箱入りのチョコレートは、人生と必然的に結びつくような「近い」ものではないこと。だからこそ、これらふたつを結びつけた作家に誰もが喝さいを送ったのです。

> **テクニック 35**
> 　常識的には「近く」ないものを敢えて結び付けてみる。

CHAPTER 5　クリエイティブさをアピールする

囲みの例文①から②への書き換えは以下のメカニズムで行なわれます。

① Life is unpredictable.
   ⇨ あまりにも一般的なコメントであり過ぎる気がする。
   ⇨ 自分の個性を出したい。
   ⇨ 人生と何かを結びつけてみよう。
   ⇨ 「命」のように、人生とすぐに結びつくようなもの以外を敢えて探そう。
   ⇨ 箱入りのチョコレートはどうだろう？
   ⇨ 人生も箱入りのチョコレートも、どちらとも、何を手に入れることになるか分からない！
   ↓
② Life is like a box of chocolates. You never know what you're going to get.

では早速、練習問題で定着を図りましょう。

STEP 1　空欄を埋め、「近く」ないものを敢えて結び付け、クリエイティブさをよりアピールする文に書き換えましょう。

① Raindrops are relaxing.（雨だれは、ほっとする）

> **Question**　「雨だれは、凍えるように寒い日の熱いお茶を思い起こさせる。それらはどちらもくつろぐ」に。

Raindrops remind me of a hot tea on a (　　　)(　　　) day. Both are so relaxing.

② There may be nobody who can understand your poem.（あなたの詩を理解できる人は誰もいないかもしれない）

> **Question**　「あなたが言っていることを誰も理解しないかもしれないという点で、詩を書くことと言い訳をすることは似ている」に。

Writing a poem and making (　　　)(　　　) are similar in that there may be nobody else who understands what you are saying.

161

③ The meaning of love can be different, depending on the way you see it. (あなたがそれをどう見るかによって、愛の意味は異なりうる)

> **Question** 「愛は豆乳のようなものだ。それは、あなた次第で、あっさりにもコクがあるようにも感じられる」に。

Love is like soy milk. It could taste plain or rich, (　　　) (　　　) you.

Answers! ① freezing cold　② an excuse　③ depending on

STEP 2 空欄を埋め、「近く」ないものを敢えて結び付け、クリエイティブさをよりアピールする文に書き換えましょう。

① When your stomach is empty, you must eat something immediately. (胃袋が空っぽのときには、あなたは何かを直ちに食べねばならない)

> **Question** 「空っぽの胃袋は、泣いている赤ん坊を思い出させる。どちらも直ちにケアすることが必要だ」に。

An empty stomach reminds me so much of a (　　　) (　　　). They both need immediate care.

② A watch keeps you busy. (腕時計のせいで、あなたは常に忙しい)

> **Question** 「実際よりも忙しいとあなたに感じさせる点で、腕時計は携帯電話に似ている」に。

A watch is similar to a (　　　) (　　　) in that it makes you feel as if you are busier than you really are.

③ I'm quite skeptical about what friendship really means. (私は友情が本当に意味するところについて全く懐疑的だ)

> **Question** 「友情はちょうど蚊のようなものだ。それは本質的に、二人の人がお互いの血を吸い合うことを意味する」に。

Friendship is just like a mosquito. It essentially means two people sucking (　　　) (　　　) blood.

Answers!　① crying baby　② cell phone　③ each other's

STEP 3

"Writing a letter is difficult.（手紙を書くのは難しい）" を、「結びつけ」のワザを使って、以下の日本文のように、クリエイティブさをよりアピールする文に書き換えましょう。

> 「手紙を書くのはちょうど誰かを後ろから驚かすようなものだ。なぜなら、両方の場合において、通常あなたの行動は相手には予期されていないからだ。うまく行けば関係をつくり、強める結果になる。うまく行かなければ、あなたが期待したのと正反対に働くかもしれない」

【Words】　～という結果になる　result in　　関係　relationship
　　　　　正反対　the exact opposite

解答例

Writing a letter is just like surprising somebody from behind because, in both cases, your action is usually not expected by the receiver. If it's well done, then it results in helping you build and strengthen the relationship. If it's not, then it may work the exact opposite way to how you probably expected it to work.

CHAPTER 5　クリエイティブさをアピールする

no.3 視点を切り替える

BEFORE

① Americans are cold to foreigners.
　（アメリカ人は外国人に対して冷たい）

AFTER

② Maybe I should just say what I want or need to adapt myself to American culture.
　（ひょっとしたら、アメリカ文化に適応するために、私は自分の欲することや必要とすることをとにかく言うべきなのかもしれない）

BEFORE　「アメリカ人は外国人に対して冷たい」という一方的な意見になっている。

↓

AFTER　自分目線の一方的な意見に終始せず、自分の側の問題にまで視野が及んでおり、より傾聴に値する意見であると感じさせる。

解説　視野を広げること、視点を切り替えることも、クリエイティブであることに直結します。なぜなら、クリエイティブではないとは「凝り固まった」状態であり、最もよくあるパターンは「自分目線で凝り固まる」ことだからです。そこから自分を解き放つだけで、あなたの書く英文は一気に豊かさを増し、クリエイティブさをアピールできるようになるのみならず、相手はあなたの視野の広さや視点の確かさゆえによりしっかりと耳を傾けてくれるようになります。

> **テクニック 36**
> 自分目線で凝り固まらずに、視点を切り替える。

CHAPTER 5　クリエイティブさをアピールする

囲みの例文①から②への書き換えは以下のメカニズムで行なわれます。

① Americans are cold to foreigners.
⇨ 確かにそう感じたのは事実だが、これで相手に伝わるのだろうか。
⇨ そもそも、これは自分目線からのものでありすぎるのでは？
⇨ 視点を切り替えよう！
⇨「むしろ自分の側にこそ努力が必要なのかもしれない」…と気づく。
↓
② Maybe I should just say what I want or need to adapt myself to American culture.

では早速、練習問題で定着を図りましょう。

STEP 1　空欄を埋め、「視点の切り替え」を活用して、よりアピールしやすい文に書き換えましょう。

① Everybody is money-driven, and that's exactly what's been destroying our good old human society.（誰もが金に駆り立てられており、それこそが我々の古き良き人間社会を破壊し続けているものだ）

> **Question**　「お金のせいで、人々は規律を守り続ける。我々は生まれつき怠け者であり、道徳的に腐敗しやすい。しかし、お金を稼ぐために、我々は一所懸命働き、他人に対して親切である必要がある」に。

Money is what makes people (　　　　) (　　　　). We are all inherently lazy and (　　　) (　　　), but in (　　　) (　　　) make money we need to work hard and be nice to others.

Answers!　① maintain discipline, morally corruptible, order to

165

STEP 2 空欄を埋め、「視点の切り替え」を活用して、よりアピールしやすい文に書き換えましょう。

① We are living in a "fewer children society," and that's unsustainable.
（我々は「少子化社会」に住んでおり、それは持続不可能だ）

> **Question** 「社会経済的な立場からは、より少ない人口はより小さな GDP を意味する。しかし、そもそもあまりにも多くの人々が地球には住んでおり、だから人口減少は本質的によいことだ」に。

From the (　　　) (　　　), less population means less GDP. But there are too many people living on the earth in the (　　　) (　　　), so the decrease of human population is (　　　) (　　　).

Answers! ① socio-economic standpoint, first place, essentially good

---

STEP 3

"What's called "examination hell" is a total nonsense. （いわゆる「受験地獄」は全くのナンセンスだ）" を、「視点の切り替え」のワザを使って、以下の日本文のように、よりアピールしやすい文に書き換えましょう。

> 「『受験地獄』は若者たちにとって大変であることは確かだが、それを彼らが通り抜けるからこそ、彼らは自分がどれくらい賢く、厳しい世間で自分がどこまで行けるかを知る機会を得る。それは子どもたちを異なるグループにふるい分けて、自分に向いている分野の仕事へと送りこむ、とても実用的な仕組なのだ」

【Words】 受験地獄　examination hell　　厳しい世間で　in the real world
　　　　　向き不向き、適性　aptitude

| 解答例 |

It's true that "examination hell" is hard for youth, but precisely because they go through it, they have opportunities to know how smart they are and how far they can go in the real world. It's a very practical system to sift children into different groups and put them into the line of work they have aptitude for.

CHAPTER 5　クリエイティブさをアピールする

no.4 物事の両面を見る

BEFORE
① Smoking cigarettes is bad for your health.
（喫煙は健康に悪い）

AFTER
② Smoking cigarettes is basically bad for your health. But it may help you lose weight because it makes you feel like you are full.
（喫煙は基本的に健康に悪い。しかし、減量する助けにはなる。なぜなら満腹感を感じさせるからだ）

BEFORE　「喫煙は健康に悪い」という断定的表現。
↓
AFTER　喫煙の悪い面と良い面をどちらも提示し、より中立的な印象を与えている。

解説　no.3のバリエーションがこちら。物事のいい面と悪い面、自分から見た面と相手から見た面、自分個人の意見と常識的な意見などを両面から提示するというものです。もちろん、最終的には自分の意見をきちんと言えばよいのですが、その手前の段階で、まずは自分目線に凝り固まることなく、両面的、多面的にものを見ることは、あなたの意見に深みを与えますし、より中立的な印象を与えるので、相手にとっても素直に耳を傾けやすくなります。

テクニック37
物事の両面を見ることによって、中立的な印象を醸し出す。

CHAPTER 5　クリエイティブさをアピールする

囲みの例文①から②への書き換えは以下のメカニズムで行なわれます。

① Smoking cigarettes is bad for your health.
⇨ 喫煙のよくない面だけを取り出して、断定している。これでは少々一面的すぎるのでは？
⇨ ならば、よい面も検討しよう。喫煙には、どんなよい面があるだろうか？
⇨ 例えば、ダイエットにはいいと聞く。喫煙すると、満腹感を得るらしい。
⇨ そのことに触れてみよう！
　↓
② Smoking cigarettes is basically bad for your health. But it may help you lose weight because it makes you feel like you are full.

では早速、練習問題で定着を図りましょう。

STEP 1　空欄を埋め、物事の両面を見ることによって、よりアピールしやすい文に書き換えましょう。

① My subcontractor didn't keep the deadline this time. They didn't last time either.（私の下請け業者は今回締め切りを守らなかった。前回もだ）

> **Question**　「私の下請け業者は今回締め切りを守らなかった。前回もだ。事実、彼らはめったに締め切りを守らない。そして、だからこそ私は考える。そもそも我々のスケジュールに根本的におかしいところがあるのではないかと。それでもなお、彼らにはもう少し速く動いてもらいたいし、それは可能だと信じているが」に。

My subcontractor didn't keep the deadline this time. They didn't last time either. In fact, they (　　　) (　　　) kept deadlines, and that makes me wonder if there is something (　　　) (　　　) with (　　　) (　　　). Still, I want them to move a little faster and believe it's possible.

> **Answers!** ① hardly ever, basically wrong, our scheduling

STEP 2 空欄を埋め、物事の両面を見ることによって、よりアピールしやすい文に書き換えましょう。

① One day, I said "sorry" after bumping into someone at an intersection, but she ignored me. (ある日、交差点で人にぶつかって、私は「ごめんなさい」と言った。だが、彼女は私を無視した)

> **Question** 「ある日、交差点で人にぶつかって、私は『ごめんなさい』と言った。だが、彼女は私を無視した。しかしその直後、彼女が誰かと手話でコミュニケーションをとっているのが見え、彼女が本当に私を無視したという可能性は否定できないが、彼女は私の言ったことが聞こえなかったのかもしれないと悟った」に。

One day, I said "sorry" after bumping into someone at an intersection, but she ignored me. But (　　　)(　　　), I saw her communicate with somebody using (　　　)(　　　), and then I realized she might not have heard what I said to her even though I couldn't deny (　　　)(　　　) that she did ignore me.

> **Answers!** ① right after, sign language, the possibility

STEP 3

"I made the highest grade among all my classmates. Still, I wasn't granted a scholarship. (私はクラスメイト全員の中で一番いい成績だった。それでもなお、私には奨学金が授与されなかった)" を、「両面を見る」のワザを使って、以下の日本文のように、よりアピールしやすい文に書き換えましょう。

> 「私はクラスメイト全員の中で一番いい成績だった。それでもなお、私には奨学金が授与されなかった。私は学部長に電話をかけ、それについて尋ねた。だが、彼は我々が話している間じゅう、ずっと曖昧だった。しかしながら、だからこそ、私は更に一所懸命勉強しようと決め、結局成績優秀者として卒業したのだ。だから、今となっては、私は学部長が私のモチベーションを引き上げようとして故意にそうしたのではなかろうかと思っている」

【Words】 成績　grade　　学部長　the dean of the department
成績優秀者として卒業する　graduate with honors

解答例

I made the highest grade among all my classmates. Still, I wasn't granted a scholarship. I called the dean of the department and asked about it but he was unclear throughout our conversation. However, that's how I decided to study even harder and ended up graduating with honors. So now I wonder if the dean did it for the purpose of boosting my motivation.

CHAPTER 5　クリエイティブさをアピールする

no.5 裏側を掘ってみる

BEFORE

① I just want someone to listen.
（私はただ誰かに耳を傾けてほしいだけだ）

AFTER

② I avoid talkative people because they just don't listen. They are too busy talking. I guess I want somebody to listen.
（私はおしゃべりな人たちを避ける。なぜなら彼らはとにかく人の話を聞かないからだ。彼らは話すのに忙しすぎる。ひょっとしたら、私は誰かに耳を傾けてほしいのかもしれない）

BEFORE　「私はただ誰かに耳を傾けてほしいだけだ」という、ストレートな自己表現である。

↓

AFTER　自分が避けているものに敢えて焦点を当てることで、その裏側にある「誰かに耳を傾けてほしい」という欲望をあぶり出している。

解説　これまでに学んできたように、まずは相手に分かるように、分かりやすく。これが「伝わる」表現の基本です。しかし、その土台がしっかりしてきたら、もっと自由自在に表現を楽しみ、より効果的な表現の探求をしたいものです。そのひとつが、まさにこれ。自分の伝えたいことや本心を伝えるために、敢えてその裏側に焦点を当て、核心をあぶり出すのです。例えば、敢えて嫌いなものを挙げて、「なぜそれが嫌いなのか」を掘り下げると、好きなものや大切なものの特徴が見えてきます。

テクニック 38
本当に伝えたいことの裏側にあたるものに焦点を当て、そこから掘り下げてみる。

囲みの例文①から②への書き換えは以下のメカニズムで行なわれます。

① I just want someone to listen.
  ⇨「ストレートすぎはしないか」と感じる。
  ⇨ 自己観察をもう少し丁寧にしてみよう。
  ⇨「私が本当に欲すること」を浮き彫りにするために、私が欲しないこと、嫌いなことを敢えて探ってみよう。
  ⇨ 私はおしゃべりな人を避ける傾向がある。
  ⇨ これを①に結び付けられないだろうか？
  ↓
② I avoid talkative people because they just don't listen. They are too busy talking. I guess I want somebody to listen.

では早速、練習問題で定着を図りましょう。

STEP 1 空欄を埋め、「裏側」を敢えて掘ることによって、よりアピールしやすい文に書き換えましょう。

① I like strawberries because they are delicious.（私はイチゴが好きだ。なぜならおいしいからだ）

> **Question**　「私はコーヒーが嫌いだ。なぜなら苦すぎるからだ。私はビールも嫌いだ。なぜなら苦いからだ。ひょっとしたら、私は苦いものが一般的に嫌いなのかもしれず、対照的に私はイチゴのような甘いものが好きなのかもしれない」に。

I hate coffee because it's too bitter. I also hate beer because it's bitter. I guess I hate bitter things (　　　) (　　　), and by contrast I love sweet things (　　) (　　　) strawberries.

Answers!　① in general, such as

STEP 2 空欄を埋め、「裏側」を敢えて掘ることによって、よりアピールしやすい文に書き換えましょう。

① I like taking naps.（私は昼寝をするのが好きだ）

> **Question**　「私は読書が嫌いだ。なぜなら、描かれていることが理解できても、私にはそれを『感じる』ことができないからだ。その代わりに、温かさと心地よさを感じられるようにベッドで昼寝をする方が私はよい」に。

I hate reading books because I can't "feel" anything (　　　) (　　) I can understand (　　　) (　　　). I (　　　) (　　) go to bed and take a nap instead so I can feel warmth and comfort.

Answers!　① even though, what's written, would rather

CHAPTER 5　クリエイティブさをアピールする

STEP 3

"I often go to a riverside or a beach and do nothing. I just enjoy the openness of the space. (私はしばしば川辺や浜辺に行き、何もせずに過ごす。私はその空間の解放感をただ楽しむのだ)" を、「裏側」のワザを使って、以下の日本文のように、よりアピールしやすい文に書き換えましょう。

> 「私は旅行が全く楽しくない。私にとっては、それはまったく退屈だ。最も退屈なのは、ある場所から別な場所に動くことだ。私はとにかく車や飛行機の中のような狭い場所が耐えられない。窒息しそうな気がする。川辺や浜辺に行き、何もせずに過ごす方がずっとよい」

【Words】 まったく退屈な　plain boring　　窒息する　choke

解答例

I don't enjoy travelling at all. To me, it's plain boring. What's most boring is moving from one place to another. I just can't stand narrow spaces like the inside of a car or an airplane. It feels like I'm choking. I'd much rather be at an open space such as a riverside or a beach and do nothing.

CHAPTER 5　クリエイティブさをアピールする

no.6 抽象する

> **BEFORE**
> ① You are a woman and I am a man.
> 　（あなたは女で、私は男だ）
>
> **AFTER**
> ② You are a woman and I am a man. But we are both persons, aren't we?
> 　（あなたは女で、私は男だ。しかし、我々は両方とも人である）

BEFORE　「あなた＝女」、「私＝男」という対立の図式である。
↓
AFTER　「あなた＝女」、「私＝男」であることを認めつつ、二人とも「人」であるという視点を持ち込むことによって、対立ではなく調和に結びつきうる。

解説　物事には、必ず相違点と類似点があります。相違点にばかり目を向けると対立に結びつきやすく、対称的に、類似点に目を向ければ一致や調和に結びつきやすいと言えるのではないでしょうか。例えば「男」「女」という異なるものも、「人」というくくりにすれば同じものになります。これを「上位概念」と言いますが、抽象化によって上位概念を提示すれば、あなたのクリエイティブさや知的能力をアピールしうると同時に、無用な対立を避け、話を前に進められる可能性があります。

> **テクニック39**
> 　対立するように、あるいは無関係であるように見えるものを包括する上位概念を探す。

囲みの例文①から②への書き換えは以下のメカニズムで行なわれます。

① You are a woman and I am a man.
 ⇨「あなた＝女」、「私＝男」というのは事実だが、これでは対立の図式にとどまり、ここからどう展開していいか分からない。
 ⇨ お互いの共通点に目を向けて、上位概念で包み込むことはできないだろうか？
 ⇨ 二人とも「人」だ！
 ↓
② You are a woman and I am a man. But we are both persons, aren't we?

では早速、練習問題で定着を図りましょう。

STEP 1 空欄を埋め、「上位概念」を抽象することによって、よりアピールしやすい文に書き換えましょう。

① We don't agree on the pricing of the camera.（我々はそのカメラの価格について同意していない）

> **Question**　「我々はそのカメラの価格について同意していないかもしれませんが、それが市場に出回っている一番よいカメラであることは双方とも分かっていますよね」に。

We may have disagreements on the pricing, but we (　　　　) (　　　　) that this is the best camera on the market, don't we?

② Philosophy and mathematics are two different subjects.（哲学と数学はふたつの異なる科目だ）

> **Question**　「哲学と数学はふたつの異なる科目だが、両方とも論理に基づいている」に。

Philosophy and mathematics are two different subjects, but they are both (　　　) (　　　　) logic.

③ Plants and animals are completely different.（植物と動物は全く異なる）

> **Question** 「動物が動く一方、植物は動かない。しかしながら、それらはどちらも再生能力のある生物である」に。

Plants don't move while animals move. However, they are both (　　　) (　　　) with reproductive ability.

Answers!　① both know　② based on　③ living creatures

STEP 2　空欄を埋め、「上位概念」を抽象することによって、よりアピールしやすい文に書き換えましょう。

① Love and hatred are opposite.（愛と憎しみは反対である）

> **Question** 「あなたは愛と憎しみを反対とみなすかもしれない。それは正しい。しかし同時に、それらは両方とも人間の感情の極限であるという意味で同じなのだ」に。

You may see love and hatred as total opposites. It's true, but at the same time, they are (　　　) (　　　) in that they are both the extremes of human emotions.

② Water is liquid and stone is solid.（水は液体であり、石は固体である）

> **Question** 「水は液体であり、石は固体である。しかし、どちらも地球の基本的構成要素だ」に。

Water is liquid and stone is solid. But they are both (　　　) (　　　) of the earth.

178

③ Sexual harassment and dependence on cell phones both symbolize today's society, but they are two different things.（セクハラと携帯電話への依存はどちらも今日の社会を象徴するが、それらはふたつの異なる物事だ）

> **Question** 「セクハラと携帯電話への依存は異なって見えるが、これらはどちらもいかに人々が互いへの接触に対処できなくなっているかを示している」に。

Sexual harassment and dependence on cell phones appear different, but they both (　　　)(　　　) people are becoming unable to handle human contact.

Answers! ① the same ② basic elements ③ illustrate how

STEP 3

"I don't understand why you are so obsessed with tattooing. Why don't you study harder instead?（なぜあなたが刺青にそんなにはまり込んでいるのか私には分からない。そんなことをする代わりに、なぜもっと一所懸命勉強しないのか？）に対して、「抽象」のワザを使って答えましょう。

> 「刺青を入れることと勉強することは全く異なるように見えるかもしれないし、あなたは、他のほとんどの保護者と同様に、後者を奨励し、前者を許可しないでしょう。しかし、これらはどちらも忍耐強さと自制を必要とします。事実、身体に刺青をするといつも、その痛みによって、勉強以外何もしなかった日々のことを思い出すのです」

【Words】 刺青する tattoo　奨励する encourage　許可しない disapprove
　　　　 忍耐強さ patience　自制 self-control

|解答例|

Getting tattooed and studying may come across as completely different and you, like most other parents, may encourage the latter and disapprove the former. But they both require patience and self-control. As a matter of fact, whenever I have my body tattooed, the pain reminds me so much of the days when I didn't do anything but studying.

CHAPTER 6

論理的に書く

CHAPTER 6　論理的に書く

no.1 論理力①―論理性に一点集中する

BEFORE

① With no exception, a successful person is hardworking. —Maybe, but maybe not.
（例外なく、成功する人は勤勉だ。　―そうかもしれないけれど、そうでないかもしれない）

AFTER

② With no exception, a successful person is hard working. —That's true, but a hard working person is not necessarily successful.
（例外なく、成功する人は勤勉だ。　―確かにその通りだが、勤勉な人が成功するとは限らない）

BEFORE この切り返し方では、水掛け論になってしまう。
↓
AFTER この切り返し方ならば、相手の言っていることを認めた上でその論理性にのみ焦点を当てて反論しているので、客観的に話を進めることができる。

CHAPTER 6　論理的に書く

解説　このチャプターは、論理性に焦点を当て、理性的に話を進めるコツを学びます。その切り札は、何と言っても「論理」。これをマスターすれば、あなたの英語はネイティブも舌を巻くレベルに到達するという、伝家の宝刀です。本来、このテーマだけで一冊の本になるのですが、ここでは最も基本的かつ実用的なことにのみ焦点を当てましょう。それは、「相手の言っていることを『真』であると認めた場合、『対偶』は真になるが、『逆』や『裏』は真になるとは限らない」ということです。上の囲みの例で確認しましょう。

命題：成功する人は、勤勉である。（A ならば B）
逆：　勤勉な人は、成功する。（B ならば A）
裏：　成功しない人は、勤勉でない。（A でないならば B でない）
対偶：勤勉でない人は、成功しない。（B でないならば A でない）

　これら 4 つは、似て非なる命題です。繰り返しますが、ある命題が「真」であると認めた場合、対偶は真になりますが、逆や裏は真になるとは限りません。にもかかわらず、多くの場合、ある命題の逆や裏を不注意に使って話を展開することが非常に多いのです。そこで、相手の言っていることはとりあえず正しい、すなわち真であるとして、その上で論理性の不足を指摘するという戦略が有効になるのです。

テクニック 40
　相手の言っていることの内容ではなく、論理性に焦点を当てて反論する。

183

囲みの例文①から②への書き換えは以下のメカニズムで行なわれます。

① With no exception, a successful person is hardworking.
—Maybe, but maybe not.
⇨ 相手の言っていることに対して、賛成とも反対ともつかないあいまいな「反論」をしてしまっていると感じる。
⇨ いったん、相手の言っていることを「正しい」と認めてしまおう。→その上で反論できないだろうか？
⇨ 相手の言っていることを認めた上でも、「その『逆』は必ずしも正しいとは言えない」とならば言えそうだ！
⇨ この場合ならば、「成功」と「勤勉」の関係に注目して、「成功→勤勉」は認めても、必ずしも「勤勉→成功」とはならないと指摘すればいい！
↓

② With no exception, a successful person is hard working.
—That's true, but a hard working person is not necessarily successful.

では早速、練習問題で定着を図りましょう。

STEP 1　空欄を埋め、相手の主張を認めつつ、論理的に反論しましょう。

① A smart person can solve this problem.（賢い人はこの問題が解ける）

> **Question**　「あなたが言うように、多分、賢い人はこの問題が解けるのだろう。しかし、この問題を解けることによってあなたが賢い人ということになるとは必ずしも言えない」と反論。

As you say, I guess a smart person can solve this problem. But being able to solve this problem (　　　　)(　　　　) make you a smart person.

② Why don't you work out? It's good for your health.（どうして運動しないのですか？健康にいいですよ）

> **Question** 「運動は健康にいいですが、それは健康であるために運動せねばならないことを意味するのでしょうか？」と反論。

Workouts are good for our health. But does (　　　) (　　　) we must work out to be healthy?

③ You should read newspapers and magazines to get information.（情報を得るために新聞や雑誌を読むべきだ）

> **Question** 「もし私が新聞や雑誌を読んだら、情報を得る助けにはなるでしょう。しかしながら、それはその目的を達する唯一の方法ですか？」と反論。

If I read newspapers and magazines, that would help me get information. However, is that the (　　　) (　　　) to accomplish that aim?

Answers! ① doesn't necessarily ② that mean ③ only way

STEP 2 空欄を埋め、相手の主張を認めつつ、論理的に反論しましょう。

① You won't become a respectable adult if you don't study hard.（一所懸命勉強しなければ、あなたは責任ある大人にはならない）

> **Question** 「一所懸命勉強しなければ責任ある大人にはならないということには賛成します。しかし、それは私が一所懸命勉強すれば責任ある大人になることを意味するのでしょうか？」と反論。

(　　　) (　　　) that I won't become a respectable adult if I don't study hard. But does that mean I will be respectable if I study hard?

② Attractive ladies are all cute. And vice versa.（魅力的な女性は皆かわいい。逆も真なりだ）

> **Question** 「例外なく、魅力的な女性は皆かわいいです。しかし、逆はそうではありません。私はかわいいけれどもそれほど魅力的でない相当な数の女性を知っています」と反論。

Attractive ladies are all cute without exception. But not the (　　　) (　　　) around. I know quite a few cute women who are not that attractive.

③ As a parent, you must strive to be loving to help your children grow up to be loving as well.（親として、あなたは愛情あふれるように努めねばならない。あなたの子供たちが成長し、同様に愛情あふれるように）

> **Question** 「愛情あふれる親は子供たちが成長し、同様に愛情あふれるようになるのを助けるかもしれません。しかし、愛情にあふれない親もまた、子どもたちにとっての反面教師として同様に助けになるとは思いませんか？」と反論。

Loving parents may help their children grow up to be as loving as they are. But (　　　) (　　　) think that the parents who are not loving could also help their children to grow up to be loving as a bad example in their eyes?

Answers!　① I agree　② other way　③ don't you

CHAPTER 6　論理的に書く

STEP 3

"We did a thorough examination and didn't find any sign of cancer. So we conclude that you don't have cancer. (我々は徹底的な検査を行ったが、癌の兆候はひとつも見つからなかった。それで、我々はあなたが癌ではないと結論した)" に、「論理」のワザを使って、以下の日本文のように反論しましょう。

> 「もし私が癌でなければ、当然、癌の兆候はひとつも見つかりません。それは完璧に論理的であり、いかなる疑問の余地もありません。しかし、癌の兆候がひとつも見つからないことは、私が癌でないことを保証しませんよね？ それは単に、検査に使われた装置によって癌が検出されなかったということかもしれません」

[Words] 癌 cancer　　当然 naturally　　保証する guarantee

解答例

If I don't have cancer, naturally I won't have any sign of cancer. That's perfectly logical and there is no room for any question. **But not having any sign of cancer doesn't guarantee that I don't have cancer, does it?** It may be just that it was not detected by the devices used for the examination.

CHAPTER 6　論理的に書く

no.2 論理力② ― 選択肢を広げる

BEFORE

① I'm not smart enough to take this class.
　—You are much smarter than you think.
（私はこのクラスを受けられるほど賢くない。　—あなたは自分で思っているよりもずっと賢いですよ）

AFTER

② I'm not smart enough to take this class.
　—You may not be so smart, but that means you can become smarter, and taking this class may help.
（私はこのクラスを受けられるほど賢くない。　—あなたはそれほど賢くないかもしれません。しかし、それはあなたがより賢くなりうるということであり、このクラスを受けることは助けになるかもしれません）

BEFORE　相手が「賢い」か「賢くない」かについての押し問答になってしまう可能性がある。

↓

AFTER　相手の「私は賢くない」という自己評価をいったん受け入れた上で話を展開しているので、そこから前進しうる。

解説　no.1で学んだ「論理」の実用上の効用が、まさにこれ。「Aである。ゆえにBである」と主張する相手に対して、「あなたがおっしゃる通り、Aなのでしょう。しかし、B以外の選択肢はありませんか？」と尋ねたり、提案したりするわけです。例えば、「雨が降っているから釣りに行けない」という人がいたとします。Aにあたる「雨が降っている」については議論せず、「釣りに行けない」の部分だけを検討するわけです。例えば、「近くに釣堀がありますよ」「近くの川

なら、大きな橋がかかっているから、その下で釣れますよ」など。そうです。論理力は、発想力なのです。

> **テクニック41**
> 相手の主張の中にある「A → B」を見抜き、Aから導かれるB以外の選択肢を提示する。

囲みの例文①から②への書き換えは以下のメカニズムで行なわれます。

① I'm not smart enough to take this class.
　—You are much smarter than you think.
　⇨「私の方は本当に相手のことを賢いと思っているけれども、『私は賢くない』という相手の自己評価は簡単には変えられないだろうな」と思う。
　⇨ いっそのこと、相手の自己評価を受け入れてしまおう。
　⇨ その上で、どんな選択肢を提示できるだろうかと考える。
　⇨「まだ smart ではないからこそ、smarter になれる。しかも、このクラスをとることがその助けになる」という話の持って行き方はどうだろうか？
　↓
② I'm not smart enough to take this class.
　—You may not be so smart, but that means you can become smarter, and taking this class may help.

では早速、練習問題で定着を図りましょう。

STEP 1 空欄を埋め、相手の主張を認めつつ、論理的に選択肢を広げて反論しましょう。
① Paying taxes is a duty of citizens of a nation. If you don't pay taxes, then you are not a citizen. (納税は国民の義務だ。もしあなたが納税しないならば、あなたは国民ではない)

| Question | 「納税は国民の義務であるということに賛成です。私は単にこの国の国民でありたくないだけです。自分が一端を担うことを誇りに思える国に対してであれば、よろこんで納税します」と反論。 |

I agree that paying taxes is a duty of citizens of a nation. I just (   ) (   ) to be a citizen of this country. I am (   ) (   ) happy to pay taxes to the country I am proud to be (   ) (   ).

Answers! ① don't want, more than, part of

STEP 2 空欄を埋め、論理的に選択肢を広げて反論しましょう。

① Carbon dioxide causes the greenhouse effect, so emissions containing it must be regulated.（二酸化炭素は温室効果を引き起こす。だからそれを含む排出物は規制されねばならない）

| Question | 「二酸化炭素が温室効果を引き起こすかもしれないことは、その通りです。しかし、それを含む排出物は規制されねばならないというわけでは必ずしもありません。そのような排出物に対処することは、我々人類が新たな技術をひねり出し、世界をよりよい場所にするための機会を提供するのです」と提案。 |

It's true that carbon dioxide may cause the greenhouse effect, but we (   ) (   ) have to regulate the emissions that contain it. Dealing with such emissions provides (   ) (   ) for us humans to come up with a new technology and make the world a (   ) (   ).

Answers! ① don't necessarily, an opportunity, better place

CHAPTER 6 論理的に書く

STEP 3

"Bullying in schools is disturbing, so we need to take some practical measures immediately.（学校におけるいじめは不安の種だ。だから、我々は実効性のある手段を直ちに講じる必要がある）"を、「論理的に選択肢を広げる」のワザを使って、以下の日本文のように反論しましょう。

> 「あなたの言うように、学校におけるいじめは不安の種です。しかし、我々はそれを放っておき、どのように子どもたちがそれに対処するかを見るべきだと思います。なぜなら、人生はそのように不公平な状況でいっぱいだからです。子どもたちはそれにいかに対処するかを自分自身で学ばねばなりません。彼らが自分自身の足で立つのを助けるのが、教育における他の何よりも大切な目的です。そう思いませんか？

【Words】 いじめ bullying　不公平な状況 unfair circumstances

解答例

Bullying in schools is disturbing as you say, but I think we should just leave it alone and see how children handle it, because life is filled with such unfair circumstances. Kids must learn for themselves how to deal with them. Helping them stand on their own feet is the purpose of education above all else. Don't you agree?

CHAPTER 6　論理的に書く

no.3 構成力①—言い換え

BEFORE
① I am a heavy user of my cell phone.
（私は携帯電話のヘビーユーザーだ）

AFTER
② I pick up my cell phone at least 20 times a day. I talk at least an hour in total. And I send and receive 100 emails on average per day.
（私は一日あたり少なくとも20回は携帯電話に出る。私は少なくとも全部で1時間は話す。そして私は一日平均100通のメールを送ったり受け取ったりする）

BEFORE　「携帯のヘビーユーザー」とあるが、どの程度のヘビーユーザーかが見えてこない。

↓

AFTER　一日何回電話に出るか、どれくらいの時間話すか、何通のメールを送受信するかなどが例示され、「ヘビーユーザー」という言葉の具体的な言い換えになっている。

解説　no.1, 2で論理的に書くための背骨部分は完了。ここからは、その補強材料を。まずは、言い換え。これは既に学んだ「具体化」の一種で、言いたいこと、すなわち結論およびその根拠を例示したり、別な言い方で言ったりして、更に印象づける技術です。同じことを繰り返しすぎると逆効果ですが、多くの場合、一度きりでは相手ははっきりと認識してくれません。そこで、単なる反復に陥らないように変化をつけながら言い換えるのです。

CHAPTER 6　論理的に書く

テクニック 42
ポイントを、言葉を変えつつ繰り返す。

囲みの例文①から②への書き換えは以下のメカニズムで行なわれます。

① I am a heavy user of my cell phone.
⇨「ヘビーユーザー」という言葉だけでは、相手にしっかりとした印象づけができないのではないか？
⇨ しかも、どんなユーザーなのか、相手にはイメージが湧くようで湧かないのではないか？
⇨「ヘビーユーザー」という言葉を様々に言い換えてしっかり印象づけよう。
⇨ 携帯電話の使用状況を思い出そう！
↓
② I pick up my cell phone at least 20 times a day. I talk at least an hour in total. And I send and receive 100 emails on average per day.

では早速、練習問題で定着を図りましょう。

STEP 1 空欄を埋め、「言い換え」を用いて、よりアピールしやすい文に書き換えましょう。

① You may have some options other than the public school system.（あなたには、公教育以外のいくつかの選択肢があるかもしれません）

| Question | 「公教育はあなたの子どもたちを教育する唯一の方法ではありません。あなた自身で教えてもよいし、オンラインの教材を使ってもよいし、あるいは別の種類の学校に子どもたちをやってもよいのです。子どもたちはこれらの選択肢のどれかの方を気に入るかもしれません」に。 |

The public school system is not the only way to (　　　) your children. You could teach yourself, use (　　　) (　　　), or send them to (　　　) (　　　). They may like some of these options better.

> **Answers!** ① educate, online material, alternative schools

STEP 2 空欄を埋め、「言い換え」を用いて、よりアピールしやすい文に書き換えましょう。

① Smiling when you shouldn't is a sign of weakness. (笑うべきでないときに笑うのは、弱さの象徴だ)

> **Question** 「日本人はきまりが悪いときに微笑する傾向がある。それは弱さの象徴だ。彼らはその状況に対峙することも対処することもできないから、そうするのだ。対処できるのならば、笑うだろうか。何のために？」に。

The Japanese tend to smile faintly when they are (　　　). It is a sign of weakness. They do so because they can (　　　) face the situation nor deal with it. If they could deal with it, would they smile? (　　　) (　　　)?

> **Answers!** ① embarrassed, neither, What for

STEP 3

"Let's not include Saturdays in our shooting schedule. (土曜日は我々の撮影スケジュールに入れないようにしよう)" を、「言い換え」のワザを使って、以下の日本文のように、よりアピールしやすい文に書き換えましょう。

> 「クルーのほとんどは、土曜日は参加できない。週末料金が加算されるので、機材のレンタル費用も土曜日は高くなる。Jack と Steve、すなわちふたりの主役が言うには、彼らは木曜か金曜の方がいいそうだ。これら全ての論点を考慮し、土曜日を我々の撮影スケジュールに入れない方がよいと考える」

【Words】 機材　equipment　　週末料金　weekend fee
　　　　　これら全ての論点を考慮し　taking all these issues into consideration

解答例

Most of the crew members are not available on Saturdays. The rental cost of equipment is higher on Saturday than on weekdays, because a weekend fee is added. Jack and Steve, the two main actors, told me that they would prefer Thursday or Friday. Taking all these issues into consideration, I think it's better not to include Saturdays in our shooting schedule.

CHAPTER 6　論理的に書く

no.4　構成力②―コントラスト

BEFORE
① The red jacket makes you look active.
（その赤いジャケットを着るとあなたは活発に見えます）

AFTER
② The red jacket makes you look active. The white one looks more elegant.
（その赤いジャケットを着るとあなたは活発に見えます。白い方は、より優雅に見えます）

BEFORE　「その赤いジャケットを着るとあなたは活発に見えます」と単にコメントしているにすぎない。

↓

AFTER　赤と白のジャケットをコントラストすることによって、こちらの意見がよりはっきりし、相手も選択しやすくなる。

解説　「言い換え」の次は、「コントラスト」を。基本的に、何かを伝えるために例示や反復をする場合には、「Aである」「A'である」「A"である」と言い換えるか、「Aである」「一方、Bである」「一方、Cである」のようにコントラストするかのどちらかです。上の囲みの実例の場合は後者。赤と白をコントラストすることによって、どちらか一方のみについて語る場合よりもはるかに、あなたの意見は相手にとって参考にしやすくなっています。

CHAPTER 6　論理的に書く

> **テクニック 43**
> コントラストを使ってポイントを浮き彫りにする。

囲みの例文①から②への書き換えは以下のメカニズムで行なわれます。

① The red jacket makes you look active.
　⇨ これでは「単にコメントしているにすぎない」と感じる。
　⇨ もっと、こちらの考えや価値観をしっかり伝えられないだろうか。
　⇨ 複数のコメントをコントラストするようにしてはどうだろう？
　⇨ 赤いジャケットについてのみならず、白いのについてもコメントし、コントラストさせよう！
　↓
② The red jacket makes you look active. The white one looks more elegant.

では早速、練習問題で定着を図りましょう。

STEP 1　空欄を埋め、「コントラスト」を用いて、よりアピールしやすい文に書き換えましょう。

① This cake is not sweet enough.（このケーキは甘さが足りない）

> **Question**　「あのケーキが甘すぎる一方、このケーキは甘さが足りない。その雑誌のレシピは本当に信頼できますか？」に。

This cake is not sweet enough, (　　　　　) that one is too sweet. Are you sure the recipe in the magazine is reliable?

197

② The number of our loyal customers was below 1000 last year.（我が社のロイヤルカスタマーの数は、昨年は1000人以下だった）

Question　「我が社のロイヤルカスタマーの数は、昨年は1000人以下でした。そして今年は、増加して2000人を超えました。一所懸命がんばったことを我々は誇りに思うべきです」に。

The number of our loyal customers was below 1000 last year, and it (　　　) (　　　　　) to over 2000 this year. We should be proud of our hard work.

③ I hear American people hardly ever say "sorry."（アメリカの人々はめったに「ごめんなさい」と言わないそうだ）

Question　「アメリカの人々はめったに『ごめんなさい』と言わないそうだ。対照的に、自分の経験から、日本人は四六時中『ごめんなさい』と言うと私は知っている。多分、これらふたつの国の人々は根本的に異なるのだろう」に。

I hear American people hardly ever say "sorry." (　　　　　) (　　　　), I know from my experience that Japanese people say "sorry" all the time. I guess people from these two countries are radically different.

Answers!　① while　② has increased　③ By contrast

CHAPTER 6　論理的に書く

STEP 2　空欄を埋め、「コントラスト」を用いて、よりアピールしやすい文に書き換えましょう。

① Reading without thinking may make you a blind follower.（考えずに読書することは、あなたを盲目的な追従者にするかもしれない）

> **Question**　「考えずに読書することは、あなたを盲目的な追従者にするかもしれない。同時に、読書せずに考えることは、あなたを独善的にするかもしれない」に。

Reading without thinking may make you a blind follower. At the (　　　) (　　　　　), thinking without reading may make you self-righteous.

② When young, we have possibilities ahead of us.（若い時には我々の目の前に可能性が広がっている）

> **Question**　「若い時には我々の目の前に可能性が広がっているが、意思決定をする土台となる経験が足りない。年をとると、経験は十分にあるが、若い頃にはるかに及ばない可能性しか残されていない」に。

When young, we have possibilities ahead of us but don't have enough experience that we can base our decisions on. (　　　　) (　　　　), we have enough experience but don't have nearly as many possibilities left.

③ Love has two aspects.（愛には二つの側面がある）

> **Question**　「愛には二つの側面がある。一方では、それは専ら与えるということだ。もう一方では、それは専ら奪うということだ」に。

Love has two aspects. On the one hand, it's all about giving. On the (　　　) (　　　　　), it's all about taking.

> Answers!　① same time　② When old　③ other hand

STEP 3

I have faith in a particular religion. (私は特定の宗教を信仰している)" を、「コントラスト」のワザを使って、以下の日本文のように、よりアピールしやすい文に書き換えましょう。

> 特定の宗教を信仰することは個人的なことだ。教会や寺や他の礼拝の場所に集まるのは社交的なことだ。私には信仰はあるが、社交はしない。同様に、私は一所懸命勉強し新たなことを学ぶのは楽しいが、中学一年の時に退学した。

【Words】　特定の宗教　particular religion

解答例

Having faith in a particular religion is a personal thing. Getting together at church, temple or other places of worship is a social thing. I have faith but skip the social aspect. **Likewise**, I enjoy studying hard and learning new things, but I dropped out of school in my first year of junior high school.

CHAPTER 6　論理的に書く

CHAPTER 6　論理的に書く

no.5　三段論法

BEFORE
① Rick is stupid.
（Rick はバカだ）

AFTER
② Men are all stupid. Rick is a man. Therefore, he is stupid.
（人は皆バカだ。Rick は人だ。それゆえ、彼はバカだ）

BEFORE　「Rick はバカだ」と唐突に主張しているにすぎない。
↓
AFTER　「A は B である」「C は A に属する」「ゆえに C は B である」と三段論法的に主張しているので、論理性を感じさせる。

解説　とてもよく使われる論理的な話の運び方のひとつが、この三段論法。これは、A、B、C という 3 つのもの、もしくはそれ以上のものを論理的に結びつけていく語り方で、典型的には上の囲みの実例のようになります。少々かたい印象を与えてしまうかもしれませんが、論理的な話を丁寧に進めようとしているのをアピールするのは、悪いことでは決してありません。とりわけ、しっかり考えてから話したり、結論を出したりしたいタイプの相手ならば、そんなあなたの意見に必ず耳を傾けてくれるはずです。

テクニック 44
　三段論法を使って話を運ぶ。

CHAPTER 6　論理的に書く

囲みの例文①から②への書き換えは以下のメカニズムで行なわれます。

① Rick is stupid.
⇨ これでは、単なる唐突な主張に過ぎないと感じる。
⇨ 何らかの説得力を持たせたい。
⇨ 「論理」を使えないか？
⇨ そもそも、私は「Rick個人」を馬鹿だとなじりたかったわけではないはずだ。
⇨ いっそのこと、「人は皆バカだ」と言ってみてはどうだろうか？そこから三段論法的に話を進めてみよう！
 ↓
② Men are all stupid. Rick is a man. Therefore, he is stupid.

では早速、練習問題で定着を図りましょう。

STEP 1　空欄を埋め、「三段論法」を用いて、よりアピールしやすい文に書き換えましょう。

① The problem you are having now will help you grow.（あなたが今抱えている問題は、あなたが成長するのを助けるだろう）

> **Question**　「問題というものはあなたに学習体験を提供する。あなたは今問題を抱えているようだ。だから、あなたは成長を体験するだろう」に。

A problem provides you with a great (　　　　)(　　　　). You seem to be having one. So you will experience growth.

② I'm feeling better now.（今、私は前よりも気分がいい）

> **Question**　「音楽を聴くのは落ち着く。私はラジオを聴いていて、お気に入りの歌のひとつが聞こえてきた。だから私は前よりも気分がいいのだろう」に。

Listening to music is relaxing. I was listening to the radio and heard one of my (　　　　)(　　　　). I guess that's why I'm feeling better now.

③ I recommend that you meditate.（瞑想することを勧めます）

Question　「若い時に良き習慣を身につけることによって、あなたの人生は大きく変わります。寝る直前に瞑想するのは、そのような良き習慣のひとつです。やってみることを強く勧めます」に。

Developing a (　　　　) (　　　　) when young makes a great difference in your life. Meditating right before you go to bed is one of these good habits. I strongly recommend that you give it a try.

Answers!　① learning experience　② favorite songs　③ good habit

STEP 2　空欄を埋め、「三段論法」を用いて、よりアピールしやすい文に書き換えましょう。

① Just go ask Mr. Ross for help.（とにかく Ross さんに助けを求めに行きなさい）

Question　「Ross さんは何でも教えられます。彼の専門である数学とはまるで違う科目でさえも。多重人格と統合失調症の違いを理解するのが大変なのですか？ だったら、とにかく Ross さんに助けを求めに行きなさい」に。

Mr. Ross can teach anything, even if the subject matter is far from his specialty, mathematics. You are having a (　　　　) (　　　　) understanding the difference between multiple personality disorder and schizophrenia? Just go ask him.

② It seems that everybody wants to get some fresh air.（誰もが新鮮な空気を吸いたいようだ）

Question　「どこにも向かっていないとき、会議は疲れるものだ。我々は3時間を費やしたが、何も決まっていない。誰もが新鮮な空気を吸いたいのは当然だ」に。

A meeting is tiring when it's not going anywhere. We have spent three hours but nothing has been (　　　　) (　　　　). No wonder everybody wants to get some fresh air.

CHAPTER 6 論理的に書く

③ This sweet-and-sour pork must be salty.（この酢豚は塩辛いに違いない）

Question 「私の夫が料理するものは何でも塩辛い。彼がこの酢豚をつくった。おそらく、コップ一杯の水を取りに行って備えるべきだ」に。

Whatever my husband cooks is too salty. He cooked this sweet-and-sour pork today. You should probably go get (　　　　) (　　　　) of water to get yourself prepared.

Answers! ① hard time ② settled yet ③ a glass

STEP 3

"Just take it easy when your computer acts up.（コンピューターの調子が悪いときは、とにかく気楽に構えなさい）" を、「三段論法」のワザを使って、以下の日本文のように、よりアピールしやすい文に書き換えましょう。

「ハイテク機器は皆便利であり、今日の『ポストモダン』な生活を十全に楽しむのに不可欠になっている。しかし、物事は時折手に負えなくなる。コンピューターはハイテクノロジーにおける最新の進歩の代表例だ。コンピューターの調子が悪いときは、とにかく気楽に構えることを勧めます」

[Words] ハイテク機器　high-tech devices　　不可欠な　indispensable
　　　　　代表例　prime example

解答例

High-tech devices are all useful and have become indispensable to fully enjoy today's "post-modern" life, but things tend to get out of control every once in a while. A computer is a prime example of the latest progress of high technology. I would suggest that you just take it easy when it acts up.

CHAPTER 6　論理的に書く

no.6 結論の位置

BEFORE
① We must leave now.
（我々は今すぐ発つべきだ）

AFTER
② We must leave now. I'm not sure why Dean hasn't come yet, but we cannot take the risk of missing the train we reserved.
（我々は今すぐ発つべきだ。なぜDeanがまだ来ていないのか分からないが、予約した列車に乗りそこなう危険を冒すことはできない）

BEFORE　「我々は今すぐ発つべきだ」という結論だけが示されている。
↓
AFTER　まず結論が示され、後に根拠が続いており、論理的な印象を与える。

解説　主張とはすなわち結論部分のこと。これが最も大切なのは言うまでもありませんから、文章全体のどこにこれを持ってくるのかは極めて重要です。典型的には、(1)最初、(2)最後、(3)最初と最後のどれかに入れます。他にも、例えば敢えて途中に放り込んだり、何度か繰り返したりするなど様々なパターンがありますが、まずはこれら3つの典型的パターンをしっかり押さえましょう。これらが最も分かりやすく、相手にすんなり伝わることが最も期待できるのですから。

テクニック45
結論を最初、最後、もしくは最初と最後の両方に入れる。

CHAPTER 6　論理的に書く

囲みの例文①から②への書き換えは以下のメカニズムで行なわれます。

① We must leave now.
　⇨「今すぐ発つべきだ」という結論しか言っていないと感じる。
　⇨ 根拠も示そう。だが、結論をいつ言おうか。
　⇨ 最初、最後、もしくは最初と最後の両方に入れるのが一般的だ。
　⇨ ここでは最初に入れよう！
　↓
② We must leave now. I'm not sure why Dean hasn't come yet, but we cannot take the risk of missing the train we reserved.

では早速、練習問題で定着を図りましょう。

STEP 1　空欄を埋め、結論の位置に注意して、よりアピールしやすい文に書き換えましょう。

① You should choose Diana.（あなたは Diana を選ぶべきだ）

> **Question**　「Monica はとても賢く、有能ですが、信頼できません。Diana は反対です。彼女はスピードこそ遅いですが、我が社の他の誰よりも着実です。だから、Monica の代わりに Diana を選ぶことを私は強く勧めます」に。

Monica is very smart and (　　　　) but not (　　　　). Diana is the opposite. She is slow, but (　　　　) than anyone else in our company. So I (　　　) (　　　　) that you choose Diana as your assistant instead of Monica.

Answers!　① capable, reliable, steadier, strongly recommend

207

STEP 2 空欄を埋め、結論の位置に注意して、よりアピールしやすい文に書き換えましょう。

① What's called a "hybrid car" is quiet. (いわゆる「ハイブリッド車」は静かだ)

Question	いわゆる『ハイブリッド車』はおそらく静かすぎる。出発するのが聞こえないので、後部座席に座っているときには、突然のスタートによるむち打ち症を被る危険にあなたは常にさらされている。また、歩いているときには、ハイブリッド車が近づいてくるのが聞こえない。この静かさは、高度な技術にはよくある『やり過ぎ』の一例かもしれない」に。

What's called a "hybrid car" is probably too quiet. You cannot (　　　) it start, so when you are riding in the back, you are always (　　　) to the (　　　) of getting a whiplash injury due to a sudden start. Also, when you are walking, you don't hear a hybrid car (　　　). Maybe its quietness is an example of overkill that frequently happens with advanced technology.

Answers! ① hear, exposed, risk, coming

STEP 3

"Men might be losing something essential.（男は何か本質的なものを失くしつつあるのかもしれない）" を、「結論の位置」のワザを使って、以下の日本文のように、よりアピールしやすい文に書き換えましょう。

> 「内気すぎて女の子に話しかけすらできない男を私は十人以上知っている。彼らが女性に興味がないということではなく、彼らは単に何をすればよいか分からないのだ。結果として、彼らにはガールフレンドがおらず、彼らがいつか結婚する可能性も全く低いと思われる。男は生物的存在として何か本質的なものを失くしつつあるというのは本当かもしれない」

【Words】 結果として　as a consequence
　　　　　生物学的存在として何か本質的なもの　something essential as biological beings

解答例

I know more than ten guys that are so shy that they cannot even talk to a girl. It's not that they are not interested but that they just don't know what to do. As a consequence, they don't have a girlfriend, and it seems that they are quite unlikely to ever get married. It might be true that men are losing something essential as biological beings.

CHAPTER 6　論理的に書く

no.7 的確に回答する

BEFORE
① Is it okay?　——I think so.
　（それでいいですか？　——そう思います）

AFTER
② Is it okay?　——Yes, it is.
　（それでいいですか？　——はい、いいです）

BEFORE　「それでいいですか」と聞いている相手に対して、「そう思います」ではイエスかノーかがはっきりせず、きちんと答えたことにならない。
↓
AFTER　相手の質問にはっきりと答えている。

解説　このチャプターの締めくくりとして、「的確な解答」に触れます。これは、意外なほどできない、要注意の項目です。何かを質問してきたとき、言うまでもなく、相手は何かが知りたくてそれを聞いています。だからこそ、それにきちんと答えてこそ、やり取りが成り立ち、完了します。例えば上の囲みのように、"Is it okay?" と訊かれたら、"Yes, it is." "No, it isn't." のどちらかで答えるのが基本であるのは中学校1年で習いますが、実際にはつい "I think so." などと言ってしまいます。全く通じないというわけではありませんが、どこかちぐはぐで、曖昧な印象を与えます。"Is it ~ ?" には "Yes, it is." "No, it isn't." で答えればよいように、相手の質問通りにオウム返しすれば、間違いはないのです。これを守って、基本通りにはっきり答える。それができてから、別な言い方へと表現を広げましょう。

CHAPTER 6 論理的に書く

> **テクニック46**
> 相手の質問に対してオウム返しで答える。

囲みの例文①から②への書き換えは以下のメカニズムで行なわれます。

① Is it okay? —I think so.
　⇨ 相手の質問にまっすぐ答えることができずに、いつもの癖でつい「そう思います」と言ってしまった。
　⇨ まずは、相手の質問にオウム返ししよう。
　⇨ "Is it ~ ?" と訊かれたのだから、"Yes, it is." か "No, it isn't." だ！
　↓
② Is it okay? —Yes, it is.

では早速、練習問題で定着を図りましょう。

STEP 1　空欄を埋め、相手の質問に的確に回答しましょう。

① Do you know where Jacob is? —I think he might be out of town.
　（どこに Jacob がいるか知っていますか？—この町にいないかもしれないと思います）

| Question | 「どこに Jacob がいるか知っていますか？—はっきりとは分かりません。しかし、役者になるためにカリフォルニアに行ったと聞きました」に。 |

Do you know where Jacob is? —No, I don't know (　　　　)(　　　　).
But I heard that he went to California to be an actor.

211

② What is our game plan today? —We have quite a few tasks to take care of.（今日の行動計画はどうなっていますか？ —対処せねばならない相当な数の業務があります）

> **Question** 「今日の行動計画はどうなっていますか？—こんな感じです。朝は本の第三章に取り組み、それから2, 3の会合が続けて入っています」に。

What is our game plan today? —(　　　　) like this: we will work on the third chapter of the book in the morning, then we have a few meetings scheduled in a row.

③ What are you in the mood for? —I don't know.
（何を食べたいですか？ —分かりません）

> **Question** 「何を食べたいですか？—中華はどうですか？私はチャーハンがすごく食べたいです」に。

What are you in the mood for? —(　　　) (　　　) Chinese? I crave fried rice.

Answers! ① for sure ② It's ③ How about

STEP 2 空欄を埋め、相手の質問に的確に回答しましょう。

① How do you like this song? —I don't know. How about you?
（この音楽はどうですか？ —分かりません。あなたはどうですか？）

> **Question** 「この音楽はどうですか？ —とても気に入りました」に。

How do you like this song? —I like it (　　　) (　　　).

CHAPTER 6 論理的に書く

② Which do you like better, the black one or the white one? —I guess I like the green one best.
（黒いのと白いのと、どちらが気に入りましたか？ —その緑色のが気に入った気がします）

> **Question** 「黒いのと白いのと、どちらが気に入りましたか？ —白い方が気に入りましたが、その緑色のは更にあなたに似合います」に。

Which do you like better, the black one or the white one? —I like the white one better, but the green one may look (　　　　) (　　　　) on you.

③ Is this the only option we have for improving the productivity of the factory? —I think so.
（それは、その工場の生産性を向上させるのに我々が持っている唯一の選択肢ですか？ —そう思います）

> **Question** 「それは、その工場の生産性を向上させるのに我々が持っている唯一の選択肢ですか？ —そうではありません。別なものを見たいのでしたら、いつでもお見せできます」に。

Is this the only option we have for improving the productivity of the factory? —No, it's not. If you (　　　　) (　　　　) to see another one, I'm ready to show it to you.

Answers! ① very much ② even nicer ③ would like

STEP 3

"Will the world economy get better in the next ten years? —I hope so. (世界経済は次の十年でよくなりますか？ —そう願います)" を、「回答」のワザを使って、以下の日本文のように的確に回答しましょう。

> 「世界経済は次の十年でよくなりますか？」―「そうなるでしょう。歴史は証明しています、経済というものは循環すると。いい時期と悪い時期に、交互になるのです。時には、悪い時期がいい時期よりも長く続きます。しかし、経済が既に底を打ったと、誰もが感じているようです。だから、間もなく跳ね返り、回復するでしょう」

【Words】 世界経済　the world economy　　循環的な　cyclic　　底を打つ　hit bottom

解答例

Will the world economy get better in the next ten years? —**Yes, it will**. History has proven that the economy is cyclic. Good times and bad times take turns. Sometimes bad times last longer than good times. But everybody seems to be feeling that the economy has already hit bottom. So it should bounce back soon.

CHAPTER 7

読み手を尊重する

CHAPTER 7　読み手を尊重する

no.1 疑問文にする

BEFORE
① I would like you to help us.
　（あなたに助けてほしいです）

AFTER
② Will you help us?
　（助けてもらえませんか？）

BEFORE　「あなたに助けてほしい」とストレートに言っているので、ともすれば押しが強すぎると思われかねない。

↓

AFTER　「助けてもらえませんか」と疑問文で言っているので、相手を尊重するサインとなっている。

解説　最後のチャプターは、読み手を尊重する、とっておきのワザを4つカバーします。尊重されて気分の悪い人はいないでしょうし、軽んじられて気分の良い人もいないでしょう。相手を尊重するのは、人として大切であるばかりか、こちらの伝えたいことに耳を傾けていただくための基礎工事としても極めて重要です。

　まず、意外な盲点なのがこの「疑問文」の効用です。相手に対する「要求」については慎重になるべきですが、相手の意向や都合を聞くのは、言い方さえ間違えなければ、「断定ではなく、まずは相手に質問する」というスタンスなのですから、基本的に失礼には当たりません。言いたいことがうまく言えなくて困ったときには、とりあえず疑問文で可能性を探ってみてください。

　加えて、疑問文にはもうひとつ有効な活用法があります。それは、「反語」。例えば、「こんなの誰も買わないよ！」と言いたいときに、「こんなの誰が買うんですか？」と言いますね。前者は否定文、後者は疑問文です。このように疑問文に

CHAPTER 7 読み手を尊重する

切り替えることによって、あくまでも相手自身に結論を考えてもらうという意味で相手を尊重すると同時に、相手が自分で行間を埋めて結論に達するからこそ「誰も買わないだろう」というこちらの伝えたいポイントを相手により深く印象づける効果が期待されます。

> **テクニック47**
> 断定を避けて、疑問文で訊いてみる。

囲みの例文①から②への書き換えは以下のメカニズムで行なわれます。

① I would like you to help us.
　⇨ 一応、助動詞 would も使っているので丁寧な表現だとは思うけれど、「助けてほしい」ではちょっと押しが強すぎないだろうか。
　⇨ そもそも、断定を避けない限りは、丁寧表現を使っても限界がある。
　⇨ いっそ、質問という形で相手の意向を聞いてみてはどうだろうか？
　⇨ 疑問文に切り替えよう！
　　↓
② Will you help us?

では早速、練習問題で定着を図りましょう。

STEP 1 空欄を埋め、疑問文を使って、相手をより尊重する文に書き換えましょう。
① You can change your order.（あなたは注文を変えることができます）

> **Question**　「注文を変えたいですか？」に。
>
> (　　　) (　　　　　) want to change your order?

② It's unbelievable!（信じられない！）

> **Question**　「私は夢の中にいるのでしょうか？」に。
>
> (　　　) (　　　　　) in a dream?

217

③ Nobody wants to be in pain.（誰だって、痛いのは嫌だ）

> **Question** 「誰が痛いのを好むだろうか」に。

(　　　　)(　　　　) to be in pain?

Answers!　① Do you　② Am I　③ Who wants

STEP 2　空欄を埋め、疑問文を使って、相手をより尊重する文に書き換えましょう。

① You are too arrogant.（あなたは傲慢すぎる）

> **Question** 「あなたは自分が誰だと思っているのか？」に。

(　　　　) do you think you are?

② Let's take our potential clients to dinner.（お客様になってくださるかもしれない方々を食事にお連れしよう）

> **Question** 「お客様になってくださるかもしれない方々と食事するのはいい考えだと思いますか？」に。

(　　　　)(　　　　) think it's a good idea to have dinner with our potential clients?

③ Our store carries that film in both versions: dubbed and subtitled.（我々の店にはその映画の両方のバージョンがあります。つまり、吹き替え版と字幕版です）

> **Question** 「外国映画を観るとき、吹き替え版と字幕版のどちらがいいですか？」に。

(　　　　) do you like better when you see a foreign film, dubbed or subtitled?

CHAPTER 7 読み手を尊重する

Answers!　①Who　②Do you　③Which

STEP 3

"Nice people are not necessarily good. (親切な人が善良であるとは限らない)" を、「疑問文」のワザを使って、以下の日本文のように、相手をより尊重する文に書き換えましょう。

> 「善良な人は皆親切です。しかし、逆も真なりでしょうか？親切に見える人をたくさん知っていますが、ともかく私には彼らが心の奥底で何を考えているか分かりません。善良な人々に自分が専ら囲まれており、我々に必要なのは彼らを信頼することだけだと信じるのは世間知らず過ぎではありませんか？ひょっとしたら私は懐疑的すぎるのかもしれませんが、どうしてそうせずにいられるでしょうか？」

【Words】世間知らずな　naïve　　囲まれて　surrounded
　　　　懐疑的な　skeptical

解答例

Good people are all nice. **But is the opposite true?** I know many people who appear nice but I just cannot tell what they are thinking deep down. Isn't it too naïve to believe that we are mostly surrounded by good people and all we need to do is trust them? Maybe I'm a little too skeptical but how can I help it?

CHAPTER 7　読み手を尊重する

no.2 仮定法

BEFORE
① I'm too busy to go with you.
（私は忙しすぎてあなたと一緒に行けません）

AFTER
② If I wasn't so busy, I would go with you and enjoy fishing.
（これほど忙しくなかったら、あなたと一緒に行って釣りを楽しむのですが）

BEFORE　「忙しすぎて一緒に行けない」と直接伝えている。
↓
AFTER　「忙しくなかったら行くのですが」と仮定の話に切り替えることによって、「行けない」という最も言いにくいことを避けるのに成功している。

解説　仮定法は、実用場面に触れる前にまず学校で文法の重要ポイントとして習うため、「難しい」というイメージばかりが先行しがちです。しかし、「読み手を尊重する」という視点から見ると、こんなに使える道具はないと言っても過言ではありません。仮定法とは、要するに「もしAだったらBだったろうに」と表現することによって、「実際にはAでなかったのでBでなくなった」ということを相手に推測させる技術です。

　例えば、上の囲み。話し手は「行けない」とは言いにくく、言いたくありません。しかし、「行けない」ということは伝えねばなりません。そこで、仮定法の出番。「忙しくなかったら…」と仮定の話をすることで、「行けない」ということを相手自身に推測してもらうわけです。この「相手自身に推測してもらう」ということは、見方を変えれば「こちらが全てを語らず、相手自身に感じ取ってもらう」ということであり、相手を尊重するひとつのあり方であるともいえます。

　仮定法の最も実用的な二つのパターンは、上記のような「不本意」と、もうひ

とつは「感謝」。こちらは、例えば「もしあなたがいなかったら、私はこの仕事を期限内に終わらせることができなかっただろう」のように使います。

> **テクニック 48**
> 仮定法によって、最も伝えたいことや伝えにくいことを相手自身に推測してもらう。

囲みの例文①から②への書き換えは以下のメカニズムで行なわれます。

① I'm too busy to go with you.
  ⇨ これではストレートすぎて、失礼ではないだろうかと感じる。
  ⇨ 特に、「行けない」という否定的なことは、本来言いたくない。
  ⇨ ならば、言わずにすむ方法はないだろうか。
  ⇨ 仮定法を使えばいい！
  ↓
② If I wasn't so busy, I would go with you and enjoy fishing.

では早速、練習問題で定着を図りましょう。

STEP 1 空欄を埋め、仮定法を使って、相手をより尊重する文に書き換えましょう。

① I cannot take a week off.（私は休みを一週間とれない）

> **Question** 「一週間休みをとれたらなあ」に。

(　　　　)(　　　　　　) I could take a week off.

② He talks to me with excessive familiarity.（彼はやたらとなれなれしく私に話しかけてくる）

> **Question** 「彼は、あたかも私の親友であるかのように私に話しかけてくる」に。

He talks to me with such familiarity, (　　　　　　)(　　　　　　) he were my best friend.

③ He shouldn't have said such a thing to his parents. (彼はそんなことを自分の親に言うべきではなかった)

> **Question** 「もしあなたが彼だったら、そんなことを自分の親に言うでしょうか」に。

Would you say such a thing to your parents if (　　　) (　　　) him?

Answers!　① I wish　② as if　③ you were

STEP 2　空欄を埋め、仮定法を使って、相手をより尊重する文に書き換えましょう。

① I don't have any more chances. (私にはもうチャンスはない)

> **Question** 「もう一度だけチャンスがあったらなあ」に。

(　　　) (　　　) I had one more chance.

② You should help others. (あなたは他者を助けるべきだ)

> **Question** 「ひどく困窮した者を助けるためなら、最も貧困な者ですら持てるものを与えるだろうに」に。

Even the poorest (　　　) (　　　) what they have to help those who were in a desperate need.

③ As the weather was so terrible, we couldn't climb the mountain. (天候があまりにひどかったので、我々はその山に登れなかった)

> **Question** 「天候があれほどひどくなかったら、我々はその山に登るのに成功しただろうに」に。

If the weather hadn't been so terrible, we (　　　) (　　　) succeeded in climbing the mountain.

CHAPTER 7 読み手を尊重する

> **Answers!**　① If only　② would give　③ would have

STEP 3

"I owe you my life.（あなたのおかげで私の人生がある）" を、「仮定法」のワザを使って、以下の日本文のように、相手をより尊重する文に書き換えましょう。

> 「もしあなたがいなかったら、私は大学の卒業論文を仕上げることができなかったでしょう。もしあなたがいなかったら、私は自分の妻となった素晴らしい女性に出会わなかったでしょう。もしあなたがいなかったら、私の会社が倒産したときどうしてよいか分からなかったでしょう。あなたのおかげで私の人生があります」

【Words】　卒業論文　thesis

解答例

I wouldn't have been able to finish my college thesis and graduate **if it hadn't been** for you. **I wouldn't have met** the wonderful woman who became my wife **if it hadn't been** for you. And **I wouldn't have known** what to do when my company went out of business **if it hadn't been** for you. I owe you my life.

CHAPTER 7 読み手を尊重する

no.3 「評価」をしない

BEFORE
① Your Japanese is pretty good.
（あなたの日本語はかなりうまい）

AFTER
② I see your Japanese improving dramatically.
（あなたの日本語が劇的に上達しているのが分かります）

BEFORE 相手の日本語を評価しているので、たとえ「うまい」という肯定的な評価であったとしても、目線が上からのような印象を与えかねない。

↓

AFTER 「相手の日本語が上達している」という事実に気づいたと言っているにとどまっており、「すごいね！」というような評価の押しつけをしていない。

解説 「子どもはほめて育てよ」という人がいますが、私はそうは思いません。「ほめる」というのは評価することの一種であり、たとえそれが肯定的な評価だったとしても、少なくとも私は「評価されること」そのものを好まないからです。例えば、私のクラスで学んでくださった方が「楽しかったです」「勉強になりました」「最近伸びています」と言ってくださるのと、「教え方がうまいですね」と言ってくださるので、どちらがより嬉しいかと考えてみれば、答えは自明だと思います。

だから、ほめることを含めて、人のことを軽々しく評価しないこと。そのかわりに、相手の変化に目を向け、その変化そのものを言葉にして伝えること。その方が、よほど相手を尊重していることになり、相手の心にも響くのではないでしょうか。

> **テクニック49**
> 「評価」ではなく、相手の変化について語る。

囲みの例文①から②への書き換えは以下のメカニズムで行なわれます。

① Your Japanese is pretty good.
⇨ ほめているつもりなのだが、結局は「評価」しているわけなので、上からものを言っているように受け取られるかもしれない。
⇨ 評価の言葉を省こう。
⇨ では、何を書こうか。そもそも、なぜ私は、相手の日本語がうまいと思ったのだろう。
⇨ このところ、彼の日本語がどんどん上達しているのを目の当たりにしたからだ。
⇨ ならば、それをそのまま書いてはどうか？
　↓
② I see your Japanese improving dramatically.

では早速、練習問題で定着を図りましょう。

STEP 1 空欄を埋め、「評価」を避けて、相手をより尊重する文に書き換えましょう。

① You did an excellent job.（あなたは卓越した仕事をした）

> **Question** 「卓越した仕事に感謝します」に。

(　　　　)(　　　　) for your excellent job.

② She is kind.（彼女は親切だ）

> **Question** 「彼女はいつも他者を助けている」に。

She helps others all (　　　　)(　　　　).

③ Your presentation today was much better than Cathy's. (あなたの今日のプレゼンテーションは Cathy のよりもはるかによかった)

> **Question** 「あなたの今日のプレゼンテーションに感銘を受けました」に。

I ( ) ( ) with your presentation today.

> **Answers!** ① Thank you ② the time ③ was impressed

STEP 2　空欄を埋め、「評価」を避けて、相手をより尊重する文に書き換えましょう。

① You are smart!（あなたは頭がいいですね！）

> **Question** 「その問題を解いたんですか？どうやったか教えてくれませんか？」に。

Did you solve the problem? Will you ( ) ( ) how?

② You are the best worker that I have ever had in my whole life. (あなたは私の人生で一番の従業員だ)

> **Question** 「あなたが我々とともにいてくれて、私は嬉しい」に。

( ) ( ) that you are with us.

③ The story that you uploaded on your blog yesterday was well written. (あなたがブログに昨日アップしたその話はよく書けている)

> **Question** 「私は次の話が待ちきれません」に。

I ( ) ( ) to read the next story.

> **Answers!** ① tell me ② I'm happy ③ can't wait

CHAPTER 7 読み手を尊重する

STEP 3

"You are a good singer. (あなたは歌がうまい)" を、「評価を避ける」のワザを使って、以下の日本文のように、相手をより尊重する文に書き換えましょう。

> 「あなたが歌うのを聴くといつでも、私は落ち着き、くつろぐのを感じます。私は歌えないし、音楽のことはあまり分かりませんが、自分がどう感じるかは分かります。あなたは、あなたのように歌いたいとわたしに思わせます。歌えたらなあと私は本当に思います。あなたの次のコンサートはいつですか？もしチケットがまだあるなら、教えてください。次回はガールフレンドを連れていきます」

【Words】 落ち着く　calm down　　くつろぐ　get relaxed

解答例

Whenever I hear you sing, I feel myself calming down and getting relaxed. I cannot sing and don't know much about music, but I know how I feel. You make me want to sing like you. I really wish I could. When is your next concert? If tickets are still available, let me know. I will take my girlfriend next time.

CHAPTER 7　読み手を尊重する

no.4　結論を省く

> **BEFORE**
> ① You should be nicer to your family.
> 　（あなたは自分の家族に対してもっと親切であるべきだ）
>
> **AFTER**
> ② I regret that I wasn't nicer to my brother who suddenly died in a traffic accident.
> 　（交通事故で突然亡くなった兄に対してもっと親切にしておかなかったことを私は後悔している）

BEFORE　「あなたは自分の家族に対してもっと親切であるべきだ」という主張がストレートに記されている。

↓

AFTER　「家族について自分が後悔していること」を記すことによって、相手に対して伝えたいことを暗示している。

解説　本書の締めくくりにふさわしいのがこの「結論を省く」。逆説的ですが、「いかに書くか」とは「いかに書かないか」であり、むしろ「書かない」ことによって相手自身に考えたり感じたりしてもらう方がより効果的である場合が多いのです。人は、根本的にプライドの高い生き物です。分かっているつもりのことをガツンと言われると、素直に耳を傾けたくなくなったりするものです。だから、ときには一番言いたいことは敢えて言葉にせずに、暗示するにとどめ、そこから先は相手に委ねてはいかがでしょうか。

> **テクニック 50**
> 結論を敢えて省き、暗示するにとどめる。

CHAPTER 7　読み手を尊重する

囲みの例文①から②への書き換えは以下のメカニズムで行なわれます。

① You should be nicer to your family.
　⇨ これが確かに言いたいことではあるのだけれども、押しつけがましすぎはしないだろうか。
　⇨ ならば、少し行間を空けよう。具体的にはどうすればよいだろうか？
　⇨ 自分の体験談をしてみよう。そうすれば、「私はこんな経験をした」という話をするにすぎないので、押しつけがましくはないだろう。
　⇨ あとは、相手がそこからこちらの言いたいことを推し量ってくれるように、自分の話が今の相手の状況とリンクするようにしよう。
　　↓
② I regret that I wasn't nicer to my brother who suddenly died in a traffic accident.

では早速、練習問題で定着を図りましょう。

STEP 1　空欄を埋め、結論を敢えて省くことによって、相手をより尊重する文に書き換えましょう。

① You should go see the film.（あなたはその映画を観るべきだ）

> **Question**　「その映画を観はじめたとき、私は対して期待していなかった。誰かが無料券をくれたので行っただけだ。しかし、物語が明らかになるにつれて、私も含めて誰も彼もが椅子のへりに腰掛けて前のめりになっていた。今週末に私はもう一度観に行くつもりだ」に。

I didn't (　　　) (　　　　) when I started watching the film. I was there because someone gave me a (　　　) (　　　). But as the story unfolded, everybody, including myself, was (　　　) (　　　) on the edge of our seats. I'm going to see it again this weekend.

> **Answers!**　① expect much, free ticket, leaning forward

STEP 2 空欄を埋め、結論を敢えて省くことによって、相手をより尊重する文に書き換えましょう。

① Working for that company may not be a good idea.（その会社で働くのはいい考えではないかもしれない）

> **Question** 「その会社でかつて働いていた人を私はたまたま知っている。残業を四六時中せねばならず、疲れ果てて、彼女は最終的に辞めた。更にひどいことに、残業代を払わないために、その会社は言い訳をひねり出しさえした」に。

I happen to know a person who (　　　) (　　　) work for that company. She eventually quit because she (　　　) (　　　) work overtime all the time and got exhausted. (　　　) (　　　), they made up an excuse for not paying overtime.

Answers! ① used to, had to, What's worse

STEP 3

"I'm glad that I have met you.（あなたに会えてよかった）" を、「結論を省く」のワザを使って、以下の日本文のように、相手をより尊重する文に書き換えましょう。

> 「いい友達は悲しみを半分にし、喜びを倍にすると言います。どういうわけか、私は昨夜自分の過去のフラッシュバックを見ました。そして、私は司法試験に三度失敗し、自分の人生の方向性を変えるべきかどうか決めようと悩んだにもかかわらず、この十年間に渡って大部分幸せであり続けていると気づきました。よい友達についてのこの格言は本当に真実です。ただ、あなたにそれを伝えたくて」

【Words】 倍にする　double　　司法試験　bar exam
自分の人生の方向性　the course of my life

CHAPTER 7　読み手を尊重する

| 解答例

It is said that a good friend cuts pain in half and doubles joy. For some reason, I had a flashback of my past experiences last night, and I realized that I have been mostly happy during these past ten years even though I failed the bar exam three times and struggled to decide whether I should change the course of my life. The saying about a good friend is so true. I just wanted to tell you that.

おわりに

「ワンランク上の英語力をつけたい方を対象に」と本書執筆のご依頼をいただいたとき、すぐさま頭に浮かんだのは、ボクが塾長を務めるひなみ塾の「英語の学校」でした。このクラスには「英語でちょっと話してみたい」「言いたいことがなんとか伝わればよい」というレベルでは満足できない方々が集い、作文とディベートに週一回のペースで取り組んでいます。まさに、本書が想定している読者像そのものでした。

そこで、クラス内で学んできたポイントを総ざらいして体系的に整理し直すところから本書を組み立て始めました。「英語の学校」の受講生様たちには、草稿段階から相談に乗っていただき、たくさんのコメントをいただきました。とりわけ、クラス担当スタッフの高木理加さんにはお世話になりました。おかげさまで、「学ぶ方々の目線で英語学習を見つめること」を念頭に、最後まで書き進めることができました。

また、積年の友であり、最も信頼するパートナーであるJohn Spiriさんには、英文パートの校閲を今回もしていただきました。「レベルアップを貪欲に目指す方々に向けた本なので、こちらがご提供する英文の質もこれまで以上にレベルアップを」との申し出に応え、徹底的に精査して下さりました。そして、ベレ出版の綿引ゆかさんとの二人三脚でここまで来させていただいたのも、これまでの著作と同様です。

この意味において、本書の著作者はボクであって、ボクではありません。これは、ボクたちの本です。手に取り、読み通してくださってありがとうございます。

黒川裕一

著者紹介

黒川裕一（くろかわ ゆういち）

1972年生まれ。熊本市出身。幼少時より田上政幸師範のもとで空手道を学ぶ。

東京大学法学部卒業後、22歳で映画監督を目指して渡米。テネシー州立メンフィス大学大学院にて助手を務めつつ、映画制作に従事。1997年、同大学より修士号を取得（コミュニケーション学―映画専攻）。1999年、キャスト・クルーとも全てアメリカ人からなる長編映画 "intersections" を制作・監督。翌2000年、Austin Film Festival の長編映画部門に入選。2003年にはサンダンス・NHK 国際映像作家賞において最優秀作品賞候補にノミネート。アメリカ長期滞在の経験を生かし、映画のみならず大学のテキストなど語学関連の書籍を多数執筆（約20点）。

同時に、故郷熊本にて、「自ら気づき、仲間と学び、社会で動く」ことのできる人財の育成とつながりを目的として、2001年秋に活動開始。2002年、同活動の受け皿として NPO 法人ツムリ30を設立。2005年4月1日、「みんなで映画する」ことを通して人々がつながり、学び、楽しむ場と機会をつくり出そうと、「映画革命 HINAMI」を立ち上げ、以来年に1本以上のペースで長編映画を撮り続ける。

2007年、「学ぶ楽しさ、伸びる喜び、絆の深まり」を受講者全員が実感し、「自らする人」になるのを促すことを目的とする私塾「ひなみ塾」を設立。映画づくり、コミュニケーション、英語、数学、国語、武道、仕事などの多彩なクラスを通して、「努力×方法＞天才」を一貫して提唱。

2010年、映画づくりの輪を広げる「文化運動」としての HINAMI と両輪をなす「芸術運動」の核として、プロジェクト MINIMA を開始。大予算映画の対極

に位置する、あらゆる要素を最小限に抑えたミニマル映画の追求をライフワークとすることを宣言、現在に至る。

HINAMI　　http://www.hinami.org/
ひなみ塾　http://www.hinami.org/juku.html
ブログ　　http://ei-kaku.dreamlog.jp/

アピールする英文を書く技術

2012年 7月25日　初版発行

著者	黒川裕一
カバーデザイン	竹内雄二

© Yuichi Kurokawa 2012, Printed in Japan

発行者	内田眞吾
発行・発売	ベレ出版 〒 162-0832 東京都新宿区岩戸町12レベッカビル 　TEL　03-5225-4790 　FAX　03-5225-4795 　ホームページ http://www.beret.co.jp/ 　振替 00180-7-104058
印刷	三松堂株式会社
製本	根本製本株式会社

落丁本・乱丁本は小社編集部あてにお送りください。送料小社負担にてお取り替えします。
本書の無断複写は著作憲法上での例外を除き禁じられています。
購入者以外の第三者による本書のいかなる電子複製も一切認められておりません。

ISBN978-4-86064-327-0 C2082　　　　　　　編集担当　綿引ゆか

> 本書の著者が代表を務める
> **HINAMIはひなみ塾・映画づくり・JOINTの３つの事業に取り組んでいます**

ひ␣なみ塾
学ぶ楽しさ　伸びるよろこび　絆の深まり

ひなみ塾を、全ての受講生が、一生ともに学び続ける母校に。
学びには終わりがなく、生きることはすなわち学ぶことです。
ともに学ぶ仲間は、ともに生きる仲間です。

たとえクラスからは「卒業」しても、連絡を取り合ったり、またクラスに戻ってきたり、別なクラスで学んだり、自分も教えてみたり。
そんな感じで一生かかわり続け、ともに学び続ける場所。
それが、ボクの信じる理想の学校です。
今日も、それに向かって、また一歩前進します。

ひなみ塾　塾長 黒川裕一

■─ひなみ塾の歩み

```
2005年  4月  HINAMI 誕生
2007年  9月  「映画で学ぶ英語」創設（ひなみ塾設立）
       11月  「映画で学ぶ英語」2クラス目増設
2008年  1月  「映画で学ぶ英語」3クラス目増設
2009年  4月  中高生向け「英語クラスジュニアA」新設
       11月  「英語クラスジュニアA」2クラス目増設
2011年  4月  英語の学校新設
        5月  小学校高学年向け「こくごとさんすう」新設
       11月  小学校低学年向け「こくごとさんすうジュニア」新設
2012年  4月  中学生向け「国語と数学」・「高校数学」「英語クラスジュニアB」新設
        4月  「こくごとさんすう」2クラス目増設
        9月  「こくごとさんすうジュニア」2クラス目増設
```

■─現在のクラス (2012年9月現在)

映画で学ぶ英語（2クラス）、英語クラスジュニアA（2クラス）、英語クラスジュニアB、英語の学校、こくごとさんすうジュニア（2クラス）、こくごとさんすう（2クラス）、国語と数学、高校数学、しごとの学校、ひなみ大学、武道クラス如水、フィルムスクール

■─名前の由来

「ひなみ（日並）」とは「毎日その事をする」という意味の言葉です。本校に集う全ての人が学ぶ楽しさに目覚め、毎日自ら学ぶようになり、成長、自信、そして生きる力を手に入れること。この願いが「ひなみ」という名前に込められています。

▶ひなみ塾のホームページ　http://www.hinami.org/juku.html

映画づくり

　2005年4月1日、「映画をみるのは楽しい。つくるのはもっと楽しい。みんなでつくってみんなでみれば、もっと楽しい」をコンセプトにHINAMIの映画づくりがスタートしました。

　脚本のアイデア公募から、オーディション、撮影、映画の上映まで、映画づくりのありとあらゆる場面に誰もが参加出来る「超参加型」の映画づくりを展開し、立ち上げ以来毎年欠かさず長編映画を製作・上映しています（2012年7月現在、計8本）。今や独自の撮影ノウハウを急速に蓄積し、わずか5日間で長編を撮りあげるという、業界の常識を覆す超高速撮影を実現するに至っています。

　▶映画づくりのホームページ　http://www.hinami.org/filmmaking.html

千年映画祭

　「映画は誰のものか？」をコンセプトに、映画づくりの一環として、2010年に発足しました。この問いに対する千年映画祭の答えは、「映画は、映画を本当に好きな人のもの」です。

　ゆえに、千年映画祭は‥
・入場無料です（あなたも観れます）。
・映画づくりの仲間や情報が集まります（あなたもつくれます）。
・エントリーは先着順に受けつけます（あなたも出品できます）。

　「千年映画祭」という名称には、これを単発や短期間のイベントではなく、「千年以上続く文化」に発展させるという思いが込められています。

　▶千年映画祭のホームページ　http://www.hinami.org/festival.html

JOINT

　HINAMIの映画づくりを通して技術を磨き続けているクルーが中心となり、2010年に発足した映像製作チームです。映画で培った技術や経験を活かして、映像はもちろん、写真撮影やホームページ製作に至るまで、ビジュアルな仕事には全て対応しています。JOINTとは「つなぐこと」を意味し、お客様の「思い」を期待以上の「形」へとつなげて作品化することに、常に全力で取り組んでいます。

　▶JOINTのホームページ　http://www.hinami.org/joint/artwork.html

本書の著者から直接英語を学べる

ひなみ塾英語クラス

ジュニアクラス(中高生対象)

「英語ジュニアA」

読む(文法・読解)、聞く(リスニング)、話す(発音)をまとめて一気に身につけたい人は、こちら。1講座あたり映画の一場面のみに絞り込んで徹底学習する、総合講座です。

① **テキスト** … 映画監督でもある塾長が厳選した映画の中の生の会話がテキスト。取り組みやすくてやる気が引き出されるのみならず、生の英文に触れ続ければ、入試レベルの英語がとても簡単に感じられるようになります。

② **メソッド** … 効果的な方法で学べば、誰でも、いつ始めても、必ず伸びます。塾長が開発したマーキング法を使えば英文法を、12の早口言葉を用いた習得法を使えば発音を、いずれも3ヶ月でマスターすることができます。これらはいずれも本になり、日本全国に向けて出版されています。

③ **ツール** …… ホワイトボードを使用し、チームになってテキストの全訳に取り組みます。その場で塾長が添削し、塾生は「直訳」から文の真意をくみ取った「超訳」になるまで何度でも書き直します。これにより、読解力に加えて、できる人から直接学ばねば絶対に習得できない英語センスをもぐんぐん身につけることが可能になっています。

「英語ジュニアB」

「書く」(英作文)に一点集中したい人は、こちら。「通じる英語の土台、そして劇的な伸びのカギは文法にあり」というのが塾長の結論。そこで、中高生が最も苦手とする英作文に焦点を絞り込み、書くことを通して文法力を徹底強化します。

① **テキスト** … 塾長考案の5段階文法理論に基づいて、英文法を必須48項目に整理し、1講座で1項目ずつ、丁寧に解説します。説明の後は、直ちにレベル別の練習問題に取り組み、「分かる」を「できる」にまで高めます。

② **メソッド** … 演習は全て、中学1年生から上級者までのあらゆるレベルに対応できるよう、多レベルの問題を段階的に配置してあります。問題を解いたら、その場で塾長とアドバイザーが個別に添削。自分のペースで進められ、どこでつまずいているかがすぐに分かり、重点を置きたい箇所にたっぷりと時間を費やすこともできるので、ポイントが着実に身につきます。

③ **ツール** …… 学習の仕上げに、ホワイトボードを利用してチームで英作文を行い、成果確認と応用力アップを図ります。文意を的確に伝えられる英文をチーム全員で語彙と文法の両面から考え抜き、しかも塾長が直ちに添削するため、英語センスが自然と身につきます。

大人クラス(大学生以上対象)

「映画で学ぶ英語」

「英語ジュニアA」と同一のコンテンツで、インプット重視の総合講座です。

映画をテキストに学ぶため、英語に苦手意識のある方でも取り組みやすく、忙しい日々の中でもモチベーションを保ちやすいのが特長です。また、やることもやり方も明確なため、主婦、大学生、会社員など年齢性別職業を問わず、必ず成果が出ます。

「英語の学校 (intensive class)」

「Intensive class」とは、英語力を「集中強化する」クラスのこと。「英語ジュニアB」のコンテンツに加えて速読とディベートも行う、超高密度のハイレベルクラスです。

どんな英文も「語数÷3」秒で読める速読力と、どんな議論にも日本語なみに対応できるディベート力を習得でき、表面的な「会話」を超えた深い「対話」が出来るようになります。

◆上記4クラスは、全て毎週1回の定期講座です。体験受講などについては、HPをご覧ください。
ひなみ塾のホームページ　http://www.hinami.org/juku.html